DIREITO INTERNACIONAL PRIVADO

Dados Internacionais de Catalogação na Publicação (CIP)
(Câmara Brasileira do Livro, SP, Brasil)

Roque, Sebastião José
Direito internacional privado / Sebastião José Roque. – São Paulo: Ícone, 2009.

ISBN 978-85-274-1053-3

1. Direito internacional privado. 2. Direito internacional privado – Brasil. I. Título.

CDD 341.9

Índices para catálogo sistemático:

1. Direito internacional privado   341.9
2. Direito internacional privado – Brasil   341.9

Sebastião José Roque

Bacharel, mestre e doutor em direito pela Universidade de São Paulo
Advogado – professor universitário – Árbitro e mediador
Autor de 26 obras jurídicas
Tradutor de obras jurídicas e filosóficas
Presidente do Instituto Brasileiro de Direito Comercial "Visconde de Cairu"
Presidente da Associação Brasileira de Arbitragem

DIREITO INTERNACIONAL PRIVADO

© Copyright 2009.
Ícone Editora Ltda.

Capa
Rodnei de Oliveira Medeiros

Revisão
Rosa Maria Cury Cardoso

Diagramação
Andréa Magalhães da Silva

Proibida a reprodução total ou parcial desta obra,
de qualquer forma ou meio eletrônico, mecânico,
inclusive através de processos xerográficos,
sem permissão expressa do editor
(Lei nº 9.610/98).

Todos os direitos reservados pela
ÍCONE EDITORA LTDA.
Rua Anhanguera, 56 – Barra Funda
CEP 01135-000 – São Paulo – SP
Fone/Fax.: (11) 3392-7771
www.iconeeditora.com.br
e-mail: iconevendas@iconeeditora.com.br

O PODER DA MENTE

Pobre de ti se pensas ser vencido,
Tua derrota é um caso decidido.
Queres vencer mas como em ti não crês
Tua descrença esmaga-te de vez.
Se imaginas perder, perdido estás.
Quem não confia em si marcha para trás.
A força que te impele para a frente
É a decisão firmada em tua mente.

Muita empresa esboroa-se em fracasso
Inda antes de dar o primeiro passo.
Muito covarde tem capitulado
Antes de haver a luta começado.
Pensa em grande e teus feitos crescerão;
Pensa em pequeno e irás depressa ao chão.
O querer é poder arquipotente
É a decisão firmada em tua mente.

Fraco é quem fraco se imagina.
Olha ao alto quem ao alto se destina.
A confiança em si mesmo é a trajetória
Que leva aos altos cimos da vitória.
Nem sempre quem mais corre a meta alcança,
Nem mais longe o mais forte o disco lança.
Mas se és certo em ti, vai firme, vai em frente
Com a decisão firmada em tua mente.

Índice

1. **DIREITO INTERNACIONAL PRIVADO, 11**
   1.1 Conceito, 13
   1.2 Exterritorialidade da lei, 14
   1.3 Teoria dos fatos jurídicos, 15
   1.4 Direito Público e Privado, 17
   1.5 Outros conceitos, 18
   1.6 Normas, 20
   1.7 Abrangência, 22

2. **ELEMENTOS DE CONEXÃO, 25**
   2.1 Conceito, 27
   2.2 *Locus regit actum* (o local rege o ato), 28
   2.3 *Locus personae* (local da pessoa), 29
   2.4 *Lex pavilionis* (lei do pavilhão), 29
   2.5 *Lex domicilii* (lei do domicílio), 30
   2.6 *Lex patriae* (lei da nacionalidade), 30
   2.7 *Lex loci celebrationis* (lei do local da celebração), 30
   2.8 *Lex loci executionis* (lei do local da execução), 31
   2.9 *Lex fori* (lei do foro), 31
   2.10 *Lex voluntatis* (lei da autonomia da vontade), 31
   2.11 *Lex rei sitae* (lei do local da coisa), 32
   2.12 O reenvio, 32

3. **ELEMENTOS DE CONEXÃO NO DIREITO BRASILEIRO, 35**
   3.1 Dispositivos legais - Qualificações, 37
   3.2 Direito de Família e de Personalidade, 40

3.3 Direito das coisas, 43
3.4 Direito Obrigacional, 44
3.5 Direito das Sucessões, 47
3.6 Direito Societário, 48
3.7 Direito Processual, 48

4. **APLICAÇÃO DO DIREITO ESTRANGEIRO NO BRASIL, 51**
4.1 A soberania do Estado, 53
4.2 Dispositivos legais, 54
4.3 Restrições à aplicação da lei estrangeira, 58

5. **A *TRADING COMPANY* NO COMÉRCIO INTERNACIONAL, 63**
5.1 Regulamentação da *trading company*, 65
5.2 Origem das *trading companies*, 66
5.3 Utilidades e vantagens, 67
5.4 Entrepostagem, 69

6. **CRÉDITO DOCUMENTÁRIO, 73**
6.1 Conceito e partes contratantes, 75
6.2 A Carta de Crédito, 77
6.3 Documentário, 77
6.4 Regulamentação, 80
6.5 Utilidade do crédito documentário, 81
6.6 Modalidades de crédito documentário, 83

7. **CONTRATO DE CÂMBIO, 85**
7.1 Conceito e características, 87
7.2 Natureza jurídica, 92

8. **TRANSFERÊNCIA INTERNACIONAL DE TECNOLOGIA, 95**
8.1 A tecnologia internacional, 97
8.2 *Know-how*, 99
8.3 *Engineering*, 105
8.4 *Clé en main ou turn key*, 107
8.5 Licença de uso de marcas e patentes, 108

9. CONTRATO DE *FRANCHISING*, 113
9.1 Natureza jurídica, 115
9.2 Partes contratantes, 118
9.3 Obrigações do franqueador, 119
9.4 Obrigações do franqueado, 120
9.5 Regulamentação nacional, 121
9.6 Importância do *franchising*, 127
9.7 Origem, 128

10. TROCA INTERNACIONAL DE MERCADORIAS, 131
10.1 A *countertrade*, 133
10.2 *Barter*, 135
10.3 *Compensation*, 135
10.4 *Counterpurchase*, 136
10.5 *Buy-back*, 137
10.6 *Switch*, 137
10.7 Regulamentação, 138

11. COMPRA E VENDA INTERNACIONAL DE MERCADORIAS, 141
11.1 Conceito e natureza jurídica, 143
11.2 Convenção de Viena, 145
11.3 Características do contrato, 146
11.4 Obrigações do vendedor, 149
11.5 Obrigações do comprador, 150
11.6 Conflitos e foro, 150

12. *INCOTERMS*, 153
12.1 Conceito e natureza jurídica, 155
12.2 A elaboração, 157
12.3 Os *Incoterms* - 1953, 158
12.4 Os *Incoterms* - 1990, 158
12.5 EXW, 159
12.6 FOR-FOT-FOA, 161
12.7 FAS, 163
12.8 FOB, 165
12.9 CIF, 166

12.10 C & F, 170
12.11 C & I, 172
12.12 EXS, 172
12.13 EXQ, 174

13. REGIME JURÍDICO DO ESTRANGEIRO NO BRASIL, 177
13.1 A condição de estrangeiro, 179
13.2 Condição jurídica do asilado, 181
13.3 Os direitos e deveres do estrangeiro, 184
13.4 O regime especial dos portugueses, 189
13.5 Infrações à Lei do Estrangeiro, 191
13.6 A imigração, 195
13.7 Impedimentos à imigração, 196

14. A NACIONALIDADE, 199
14.1 Conceito e critérios da nacionalidade, 201
14.2 Opção de nacionalidade, 203
14.3 A naturalização, 204

15. A SAÍDA COMPULSÓRIA DO ESTRANGEIRO, 209
15.1 Saída voluntária e compulsória, 211
15.2 A deportação, 212
15.3 A expulsão, 214
15.4 A extradição, 217
15.5 O caso BIGGS, 219

16. ARBITRAGEM — A SOLUÇÃO PACÍFICA DE CONTROVÉRSIAS, 221
16.1 Conceito e características da arbitragem, 223
16.2 Tipos de arbitragem, 225
16.3 A Convenção do Panamá, 226
16.4 A Lei nº 9.307/96 — Lei da Arbitragem, 229
16.5 A sentença arbitral, 232
16.6 Os árbitros, 234
16.7 Execução de sentenças arbitrais estrangeiras, 236
16.8 Regulamentação internacional, 238
16.9 O Barão do Rio Branco, 238

1. DIREITO INTERNACIONAL PRIVADO

1.1 Conceito
1.2 Exterritorialidade da lei
1.3 Teoria dos fatos jurídicos
1.4 Direito Público e Privado
1.5 Outros conceitos
1.6 Normas
1.7 Abrangência

1.1 Conceito

O Direito Internacional Privado é o conjunto de regras que procura resolver os problemas causados por atos jurídicos que, por qualquer razão, ficaram submetidos à lei de dois ou mais países. Estando vinculados a várias legislações, esses atos teriam julgamento seguro, pela justiça de um país, se essas legislações fossem iguais. Esta uniformidade legislativa entre dois ou mais países está longe de ser obtida, pois o sistema jurídico de um país é peculiar a ele, distinguindo-se dos demais.

Ao analisar ou julgar uma questão jurídica em que se vê obrigado, o analista ou o julgador, a aplicar a lei de seu país, mas também se vê obrigado a aplicar a lei de outro país, encontra-se em face de uma questão anormal ou internacional; é também chamada de interespacial. Não pode esta questão ser resolvida arbitrariamente, mas deve obedecer a um conjunto de regras e o estabelecimento dessas regras constitui o escopo do Direito Internacional Privado.

Assenta-se o Direito Internacional Privado em duas bases fundamentais que não conflitam entre si, mas se completam, duas teorias modernas e vibrantes, cultivadas e desenvolvidas a cada dia. São a teoria da exterritorialidade das leis e a teoria dos atos jurídicos internacionais. Cada uma dessas teorias leva a um conceito do Direito Internacional Privado. A primeira nos diz que a função do Direito Internacional Privado é disciplinar a aplicação da lei de um país em outro país e a segunda nos leva a concluir que a função do Direito Internacional Privado é julgar e resolver problemas de questões jurídicas vinculadas à lei de dois ou mais países.

1.2 Exterritorialidade da lei

Quando falamos em lei, falamos em jurisdição, no exercício do Poder Judiciário do Estado. A lei é a norma do comportamento humano, imposta coativamente à obediência dos cidadãos, graças à aplicação de sanções, emanada do poder competente do Estado. A lei e a jurisdição constituem expressões da soberania do Estado sobre seus cidadãos e seu território. Portanto, a lei disciplina as ações humanas dentro de um limite territorial, expresso nas suas fronteiras. Por força do princípio da nacionalidade, a lei muitas vezes acompanha seus cidadãos fora de seu território, mas não atinge cidadãos de outro Estado, fora dos limites em que vige a lei.

Contudo, as relações humanas alastram-se no mundo moderno, no qual tudo se internacionaliza. O crédito, a economia, o comércio, a cultura, não são mais instituições internas de um país, mas interespaciais. Os meios de comunicação e de transportes colocam facilmente o cidadão de um país em contato com as mais distantes regiões do globo. Esses contatos trazem para um país a lei de muitos outros países e é preciso reconhecê-la e aplicá-la, sob pena de isolamento de cada país no âmbito de seu território.

O Brasil, país de imigração e de vários compromissos com todos os países do mundo, não conseguiria impedir a entrada do direito alienígena. A lei estrangeira penetra fatalmente no Brasil com os estrangeiros que transpõem nossas fronteiras, com os empréstimos do exterior para o Brasil, com o movimento de exportação/importação e de outras inúmeras maneiras.

A jurisdição brasileira impõe sua autoridade a seus cidadãos com a imposição também da lei estrangeira. A exterritorialidade da lei é o próprio poder do Brasil, como país soberano, em aceitar ou não o direito de outros países. Tanto é verdade, que existe farta legislação nacional, disciplinando o modo como entrará no Brasil a legislação internacional. Embora se fale no Direito Internacional Privado em "conflito de leis", a palavra conflito significa apenas diferença ou divergência, pois uma lei não contende com a outra, mas ambas são aplicadas numa relação jurídica vinculada a elas.

1.3 Teoria dos fatos jurídicos

O segundo fundamento do Direito Internacional Privado é a Teoria dos Fatos ou dos Atos Jurídicos, já bem vulgarizada e aplicada em todos os ramos do Direito. Por esta razão, evitaremos dissertar sobre ela, fazendo-o apenas no aspecto que se liga mais diretamente ao nosso assunto. É a apreciação da diferença entre o ato jurídico nacional e o internacional.

O ato jurídico nacional é o regido pela lei de um só país; não há nele um elemento que o ligue à lei de um só país diferente. Se esse ato for praticado no Brasil e provocar conflito entre as partes, será ele resolvido pela Justiça brasileira, aplicando-se a ele apenas a lei brasileira. Por outro lado, o ato jurídico internacional traz ínsito um fato que faz a Justiça brasileira apelar para a lei estrangeira. Seguem abaixo alguns exemplos.

Falece em São Paulo um cidadão brasileiro, domiciliado em São Paulo, deixando bens localizados no Brasil a vários filhos, todos brasileiros. O inventário será aberto no Fórum Central de São Paulo, jurisdição do domicílio do *de cujus*. Trata-se de um fato jurídico nacional; é regido por um só sistema jurídico e não há qualquer fator que faça o juiz paulista apelar para o Direito estrangeiro. Suponha-se, entretanto, que este cidadão fosse casado com uma cidadã francesa, herdeira de bens situados na França, imóveis na Inglaterra e ações de uma Sociedade Anônima italiana. Todos esses bens entrariam no inventário, trazendo consigo a lei de outros países, e o juiz paulista precisaria examinar o regime jurídico desses bens.

Citemos, como exemplo, um fato realmente ocorrido. Um cidadão paulista, em férias no Uruguai, entrou numa rua na contramão, abalroando outro carro, eventualmente também dirigido por outro paulista. Foi aberto o inquérito pela polícia uruguaia. A vítima moveu processo na Justiça de São Paulo para reparação dos danos causados, baseada no art. 159 do nosso Código Civil. Contudo, o réu estava sendo processado no Brasil porque transgredira a lei de trânsito uruguaia, causara prejuízos à vítima no Uruguai e o processo está instruído com documentos da polícia uruguaia.

Outro caso foi divulgado pelos órgãos da imprensa e serve como exemplo. O operador de bolsa N.N. foi processado nos EUA por ter dado um rombo no mercado de capitais daquele país; a Justiça americana condenou o famoso operador de mercado de capitais ao pagamento de vultosa indenização a várias vítimas, inclusive algumas domiciliadas no Brasil. O réu, contudo, era domiciliado no Brasil e possuía muitos bens em nosso país. A sentença da justiça americana está sendo executada no Brasil.

Um pedreiro casou-se em Belo Horizonte com uma brasileira. Esse casamento é um ato jurídico nacional, porque é regido só por uma lei. Esse casal, anos depois, seguiu para o Iraque, onde o marido trabalhava na construção de uma estrada de ferro por uma construtora brasileira. O marido envolveu-se com uma cidadã iraqueana e com ela casou-se segundo as normas do Iraque, que permitem a um homem casar-se com duas mulheres. A esposa repudiada moveu um processo na Justiça iraqueana, pela anulação daquele casamento, e na Justiça Penal, declarando seu marido adúltero e bígamo.

Alegou, a esposa brasileira, que o réu era casado, graças a um ato jurídico plenamente válido e em vigor, faltando-lhe capacidade jurídica para contrair novo casamento. Invocou o art. 7º da Lei de Introdução ao Código Civil, dizendo que o casal era domiciliado no Brasil, pois se encontrava no Iraque só para cumprimento de contrato de trabalho assinado no Brasil. Defendeu-se o marido, alegando que seu casamento se realizara perante a autoridade iraqueana, que o julgou juridicamente capaz perante as leis do Iraque, local onde o ato foi praticado. Foi um caso contrário aos demais aqui referidos, pois foi a Justiça de outro país que aplicou a lei brasileira.

1.4 Direito Público e Privado

Ao estudar o Direito Internacional Público chegamos a um conceito claro e a uma compreensão focalizada por vários prismas. Esse ramo do Direito cuida do relacionamento entre países, entre Estados independentes e soberanos, como pessoas jurídicas de direito público externo, que fazem parte de uma sociedade de nações.

Não é muito fácil estabelecer uma sólida distinção entre o Direito Internacional Público e o Direito Internacional Privado; há uma zona cinzenta, em que não se pode distinguir se uma questão pertence a um ou a outro ramo do Direito Internacional. Na verdade, é um só Direito, não há compartimentos estanques, mas onde o Direito Internacional Público e o Direito Internacional Privado se interligam, rompendo pouco a pouco o cordão umbilical.

Quando, porém, o Direito Internacional Privado fica bem caracterizado no seu âmbito de abrangência, o conceito que dele se faz é bem diverso do que o estabelecido para o Direito Internacional Público. Não só o conceito se distingue completamente, mas também as pessoas e vários outros aspectos, como o objetivo de estudos, o método e as partes envolvidas em cada um desses ramos, elegendo o Direito Internacional Privado como um ramo autônomo do Direito, plenamente individualizado e bem delineado.

Sob diversos aspectos podem ser estabelecidas as diferenças entre os dois ramos do Direito Internacional: o Público e o Privado. Essa dupla divisão do direito veio da antiga Roma e ainda hoje é adotada. Analisando pelo aspecto subjetivo, ou seja, pela pessoa que ocupa os pólos de uma relação jurídica, encontram-se diversos tipos de pessoas, previstas inclusive pelo art. 13 de nosso Código Civil. Diz esse artigo que as pessoas jurídicas são de direito público interno, ou externo, e de direito privado. Nosso próprio Código divide as pessoas em naturais, que às vezes chama de homem, e jurídicas.

Se numa relação jurídica encontram-se duas pessoas jurídicas de direito público externo, isto é, dois Estados, estamos em face de uma questão de Direito Internacional Público. Portanto, o Direito Internacional Público ocupa-se de atos praticados por Estados. Se numa relação jurídica encontram-se pessoas físicas ou pessoas jurídicas de direito privado, trata-se de questão de Direito Privado. Assim, Brasil e Argentina firmam um acordo sobre troca de mercadorias: é um ato internacional de Direito Público. Uma empresa brasileira celebra contrato com empresa argentina sobre troca de mercadorias, baseada no acordo firmado pelo governo de ambos os países: é um ato de Direito Privado.

Também faz parte do Direito Internacional Privado qualquer questão que envolva um Estado e uma empresa privada. Assim é um contrato assinado entre a Petrobras e o governo da Bolívia. Esses compromissos entre governo e empresa privada, perante o nosso Código Civil, entre pessoa jurídica de direito público externo e pessoa jurídica de direito privado, ou pessoa física, eram, a princípio, considerados atos mistos. Alguns juristas os consideravam como de Direito Público, outros, de Direito Privado.

Com o advento dos países socialistas no concerto universal, houve modificações de critérios. De acordo com a Constituição soviética, as operações de comércio exterior são privativas do Estado. Esse critério permanece após o fim da União Soviética, esperando-se alguma mudança de critério. Surgiu então a figura do Estado-Poder e a figura do Estado-Empresário. Por intermédio de empresas estatais ou diretamente, o Estado assume a posição de empresa privada. Esta mesma acepção domina o direito das nações capitalistas. Por isso, sempre que um Estado atuar, não no exercício de sua soberania, mas como promotor das operações comerciais, despoja-se de suas vestes estatais e transforma-se numa empresa privada.

1.5 Outros conceitos

Sendo matéria ainda nova, surgida e desenvolvida num mundo ideologicamente revolucionário, o Direito Internacional Privado haveria de ser um novo ramo do Direito também em constantes mutações. Justifica-se porque ele também apresenta evolução revolucionária. Desenvolve-se dia a dia, cria novos institutos, enfrenta novos problemas e assume novos contornos. Cresce sua importância e significado. O mundo inteiro encontra-se em progresso e mormente na área comercial cria mecanismos de solução de problemas internacionais, como alguns que estamos estudando. Com essa evolução, muitos conceitos surgiram e perderam seu vigor, enquanto outros vão surgindo.

Muitos conceitos elaborados basearam-se no objetivo do Direito Internacional Privado, que também se foi alterando. Apreciação historicamente importante é do insigne internacionalista holandês JITTA. Para ele, o Direito Internacional Privado deveria ser o ramo do Direito destinado a ajustar a legislação dos vários países, unificando-se de tal forma que não haveria conflito entre a lei dos países, pois todos teriam o mesmo ordenamento jurídico. Apesar do elevado conceito que JITTA desfruta, sua tese foi recebida com frieza. O Direito interpreta o pensamento de uma nação, seus costumes, suas tradições; dificilmente eles se identificam entre dois países. Carece de glosa que Brasil e China não poderiam adotar uma legislação comum e um regime jurídico uniforme. Se houver uma diversidade política, econômica e social, tem que haver uma diversidade legislativa.

Opinião digna de nota foi a do jurisconsulto norte-americano JOSEPH STORY (1779-1845), que exerce ainda enorme influência no Direito anglo-saxão, mormente graças à sua obra principal, intitulada "Comentários sobre o Conflito das Leis". STORY foi muito influenciado pela estrutura jurídica dos EUA, que ainda hoje permanece. Cada Estado norte-americano tem um sistema jurídico, uma jurisdição estadual e política de ação restrita ao Estado. Havendo legislação diferente em cada Estado e contatos bem estreitos entre eles, já que constituem um mesmo país, há conflitos de leis dentro do próprio país.

Assim sendo, o Direito Internacional Privado aplica-se aos Estados que compõem a Confederação Norte-Americana, como se eles fossem países soberanos. Cada Estado deve sentir-se com o dever moral de fazer justiça a pessoas oriundas de outras unidades da Confederação Norte-Americana, regidas por outro sistema jurídico, como também precisa fazer com que outros Estados façam o mesmo com seus cidadãos. Repousa a teoria de

STORY no princípio de cortesia, visando a manter a reciprocidade de tratamento entre os Estados.

Na sua obra "Comentários sobre o Conflito das Leis", STORY elabora ideias originais, mas sofrendo influência do pragmatismo americano; despreza as construções teóricas, adotando critérios utilitaristas, como aliás é de praxe no pensamento norte-americano. O Direito Internacional Privado, para STORY, visa à solução das questões jurídicas vinculadas a várias legislações. A cortesia a que ele se refere tem o sentido de respeitar e aplicar o Direito alienígena, mas com um fim utilitarista: obter dos outros governos a reciprocidade em benefício de seus cidadãos.

1.6 Normas

Conforme visto, o Direito Internacional Privado é o conjunto de normas que examinam um ato ou fato jurídico que, por uma razão qualquer, esteja vinculado a dois ou mais sistemas jurídicos, vale dizer, quando for regido pela lei do Brasil e também pela lei de outros países; é o esforço de conciliação de várias leis na apreciação de uma questão jurídica.

Essas normas são variadas; algumas delas encontradas em nosso Código de Processo Civil e em outras leis. Podem ser citadas como principais:
- Lei de Introdução ao Código Civil — LICC — arts. 7º ao 19;
- Regimento Interno do Supremo Tribunal Federal;
- Lei dos Estrangeiros (Lei nº 6.815/80);
- Código Bustamante.

Das duas primeiras falaremos bastante no decorrer deste estudo e torna-se necessário dizer algo a respeito do Código Bustamante, um verdadeiro Código de Direito Internacional Privado, em vigor no Brasil e em vários outros países latino-americanos. Verdade é que o Código Bustamante perdeu muito de sua eficácia após a reforma da Lei de Introdução ao Código Civil, em 1942, em decorrência da Grande Guerra (1939-1945).

Trata-se, porém, de lei nacional em plena vigência, uma vez que foi adotado em 1928, na VI Conferência Pan-americana, realizada em Havana. Essa convenção transformou-se em lei brasileira, ao ser promulgada no Brasil pelo Decreto n° 18.871, de 13.08.1929.

O estabelecimento de um Código de Direito Internacional Privado era ideia bem antiga e os estudos preliminares foram realizados em diversas convenções internacionais. Na Conferência Pan-americana de 1902, na Cidade do México, foi ele proposto pelo delegado brasileiro; a proposta foi renovada na Conferência do Rio de Janeiro de 1906. Posteriormente, foi nomeada uma comissão, da qual resultou um projeto elaborado pelo jurista cubano ANTONIO SANCHEZ BUSTAMANTE Y SIRVÉN. Este Código foi aprovado na VI Conferência Pan-americana de 1928, em Havana, com o voto favorável do Brasil. É lei vigente em quinze países, entre os quais o Brasil.

As disposições do Código Bustamante são muito vagas e não estabelecem sanções pela sua inobservância. No dizer de um jurista, lei sem sanção é o mesmo que faca sem gume; justifica-se assim por que o Código Bustamente teve fraca invocação, porquanto outras normas nacionais, como a Lei de Introdução ao Código Civil, são bem mais precisas.

Importantes normas de Direito Internacional Privado são adotadas ainda pela Lei dos Estrangeiros, lei existente há muitos anos, sendo a atual promulgada em 1980. A legislação que regulamenta a ação de estrangeiros no Brasil é muito vasta, constando de leis federais, resoluções de vários órgãos, que complementam a Lei n° 6.815/80.

A Lei dos Estrangeiros classifica os estrangeiros em diversas categorias, como de trânsito, de turista, temporário, permanente, de cortesia, oficial e diplomático. Estabelece para o asilado as condições previstas pelo Direito Internacional. Regulamenta a extradição de estrangeiros, requerida por outros países que tenham celebrado com o Brasil tratado de extradição e adotem reciprocidade. Expõe os direitos e deveres dos estrangeiros no Brasil e as sanções por infrações cometidas.

1.7 Abrangência

O Direito Internacional Privado aplica-se a todos os ramos do Direito, visto que as leis de todos os tipos sujeitam-se à exterritorialidade e acompanham os cidadãos. Vastos são os problemas internacionais do Direito Civil, como os da capacidade e demais aspectos da personalidade, o casamento e o regime de bens, a forma dos atos jurídicos, o divórcio.

No campo do Direito das Coisas, há conflitos da posse e da propriedade após o advento dos países socialistas no concerto universal. Mesmo antes do surgimento do marxismo, já se notavam diferenças neste campo do Direito, mormente no tocante aos imóveis.

No Direito das Sucessões há inúmeras incidências de problemas internacionais, enfrentando principalmente os países de forte imigração, como o Brasil, o conflito de critérios. A ordem da vocação hereditária, o pacto antenupcial, o testamento, a herança jacente, vêm todos fazendo apelo para a aplicação da lei estrangeira no país.

No Direito do Trabalho surgem os efeitos da intensa movimentação de trabalhadores e contratados num país para trabalhar em outro. Muito grave o problema dos contratos de trabalho na União Europeia e agora no MERCOSUL, obrigando a uma reformulação das leis trabalhistas e previdenciárias, bem como de outros aspectos, para o ensino técnico e a formação profissional. Igualmente se nota a importância da questão com a intensa atividade da OIT — Organização Internacional do Trabalho — elaborando normas e padrões e empregados de todo o mundo.

No Direito Processual estudaremos a questão primordial, qual seja, quanto à forma de aplicação do Direito estrangeiro no país, como a homologação de sentença estrangeira, a execução de títulos judiciais e extrajudiciais e o cumprimento de cartas rogatórias.

No Direito Penal a exterritorialidade da lei se exerce por causa da nacionalidade do réu, do local em que ele busca refúgio, do domicílio das vítimas e vários outros elementos de conexão. Como tudo hoje se internacionaliza, até o crimes se sofisticaram com a internacionalização. É o caso do tráfico internacional de drogas, de escravas brancas, de espionagem empresarial, de golpes dados no mercado internacional de capitais, do contrabando de mercadorias. Aplicação igualmente de Direito Internacional Penal se observa com a extradição de delinquentes internacionais.

Em nossos estudos, todavia, estaremos mais restritos aos aspectos do Direito do Comércio Internacional. Se o mundo se internacionaliza em todos os aspectos, é nas operações comerciais que mais se nota essa internacionalização. O dinamismo do comércio exterior faz criar novos tipos de operações, formalizadas por novos contratos. Esses modernos contratos internacionais de comércio constituem a nossa principal atenção, devido à expressiva atualidade e importância que adquirem na vida de nosso país.

2. ELEMENTOS DE CONEXÃO

2.1 Conceito
2.2 *Locus regit actum* (o local rege o ato)
2.3 *Locus personae* (local da pessoa)
2.4 *Lex pavilionis* (lei do pavilhão)
2.5 *Lex domicilii* (lei do domicílio)
2.6 *Lex patriae* (lei da nacionalidade)
2.7 *Lex loci celebrationis* (lei do local da celebração)
2.8 *Lex loci executionis* (lei do local da execução)
2.9 *Lex fori* (lei do foro)
2.10 *Lex voluntatis* (lei da autonomia da vontade)
2.11 *Lex rei sitae* (lei do local da coisa)
2.12 O reenvio

2.1 Conceito

O ato jurídico internacional é aquele ao qual se aplicam duas ou mais legislações; a ele se aplica a lei de um país, mas tem ele ligação com outro país. Por que um ato jurídico praticado no Brasil e em julgamento no Brasil deveria ter alguma ligação com a lei estrangeira? Por que um juiz brasileiro, julgando uma questão no Brasil, deve consultar e aplicar, em nosso país, a lei de outro país? É porque existe um elemento constitutivo desse ato, cujos efeitos têm reflexos em outro país. Devido a esse elemento, o ato fica vinculado a dois ou mais sistemas jurídicos.

Examinemos um ato jurídico, a abertura de um inventário, em duas versões. Um cidadão brasileiro, domiciliado aqui, ao morrer, deixou bens no Brasil; um seu herdeiro requer a abertura do inventário, nos termos de nosso Código Civil. Todos os elementos de conexão desse ato ligam-no à lei brasileira: a nacionalidade do de cujus, seu domicílio, a localização dos bens. É um ato jurídico nacional, vinculado apenas à lei brasileira. Digamos que esse cidadão tenha deixado imóveis na Inglaterra e ações de uma companhia belga. A abertura do inventário é um ato jurídico de acordo com a lei brasileira, mas esse ato envolve o destino de um imóvel situado na Inglaterra e direitos societários na Bélgica. Há nesse ato elementos que o ligam ao Direito inglês e ao belga.

Esses elementos são chamados de "elementos de conexão" por constituírem um pormenor, um fato ínsito no ato, que, embora se localize no Brasil, estabelece uma conexão com outro país. Examinemos um contrato de exportação de mercadorias do Brasil com o exterior: o contrato é estabelecido no Brasil, mas a mercadoria atravessa os mares, passa por vários países, até ser entregue no país de destino. O seguro é feito no Brasil, mas garante a mercadoria fora de nossas águas territoriais. O contrato é celebrado no Brasil, mas executado em outro país, e o seguro cobre os prejuízos de acidentes ocorridos em outros países, cujo inquérito se processará perante outro sistema jurídico. Há, portanto, vários pontos de conexão: lugar da celebração do contrato, lugar da execução, lugares em que poderão ocorrer acidentes com a mercadoria, lugar do contrato de seguro.

Para melhor compreensão, devemos examinar quais são os elementos de conexão, que são muitos. Citam-se como principais cinco elementos, nos quais se integram outros seis, somente onze elementos dos mais citados, conforme o quadro abaixo:
- *locus regit actum* (o local rege o ato);
- *lex delict comissi* (local do delito);
- *locus personae* (local da pessoa);
- *lex pavilionis* (lei do pavilhão);
- *lex domicilii* (lei do domicílio);
- *lex patriae* (lei da nacionalidade);
- *lex loci celebrationis* (lei do local da celebração);
- *lex loci executionis* (lei do local da execução);
- *lex fori* (lei do foro);
- *lex voluntatis* (lei da autonomia da vontade);
- *lex rei sitae* (lei do local da coisa).

2.2 *Locus regit actum*

O elemento de conexão do "local rege o ato" é muito genérico, pois há outros mais específicos, como o local do delito, o local da coisa, o local da celebração ou da execução do contrato, mais aplicados especificamente em certos ramos do Direito. O *locus regit actum* é adotado comumente quanto à forma extrínseca de um ato jurídico. Um casamento realizado no Brasil, por exemplo, de que forma deve ser realizado? Se é realizado perante uma autoridade brasileira, o juiz de casamentos, no Cartório de Registro Civil, só pode ser de acordo com a lei brasileira, ou seja, do local em que o ato estiver sendo praticado.

Adotando os mesmos critérios que o *locus regit actum*, *o locus delicti comissi* aplica-se, entretanto, apenas ao Direito Penal. Sua importância vem se realçando ultimamente com a proliferação de crimes internacionais e atos terroristas. É o que mais se adapta ao gênero, pois a apuração fica a cargo das autoridades policiais do local dos crimes.

2.3 *Locus personae*

É aplicada para os bens móveis, baseada no princípio de que *mobilia sequntur personam*. Os bens móveis não podem ser regidos pelos mesmos princípios dos bens imóveis. Os móveis aderem à pessoa de seu proprietário ou de seu possuidor, submetendo-se à lei que o regulamenta.

2.4 *Lex pavilionis*

Esse elemento de conexão é aplicado no Direito Marítimo e no Direito Aeronáutico, ou, mais precisamente, a navios e aeronaves. Destina-se a indicar qual lei será invocada no julgamento de atos praticados a bordo de um navio ou de um avião. A Lei do Pavilhão integra-se com outros elementos, como a *lex regit actum* e a *lex domicilii*. Um ato praticado a bordo de navio ou avião em alto-mar, em que país estará sendo praticado? Não é problema fácil de resolver, pois há convenções internacionais regulando a questão, umas adotadas pelo Brasil, outras não.

Em linhas gerais, esse elemento de conexão é o local de registro do navio ou da aeronave. Um navio ou um avião, segundo as convenções internacionais, deve ser registrado no órgão competente de um país e depois no órgão internacional. O interior de avião ou navio é considerado território do país em que eles estiverem registrados. Mesmo assim, depende do tipo de veículo utilizado, como se for militar ou civil. Examinaremos melhor esta questão à luz do Direito brasileiro, quando estudarmos esse elemento de conexão nos termos da nossa lei.

2.5 *Lex domicilii*

A lei do domicílio é o elemento básico adotado pelo Direito brasileiro. Antes de 1942, era a da nacionalidade (*lex patriae*). Com a guerra de 1939-1945, houve por bem o Governo brasileiro adotar o domicílio, o que, para nós, parece ser o mais acertado, tanto que, terminada a guerra, ele permaneceu. Não há uniformidade de interpretação quanto ao conceito de domicílio, mas podemos adotar os critérios estabelecidos pelo nosso Código Civil.

2.6 *Lex patriae*

A Lei da Nacionalidade é o elemento básico do Direito europeu, onde se nota a influência do movimento histórico "Política das Nacionalidades", o que não existe no Brasil. É realmente um elemento mais delicado, pois um ato jurídico poderá ter diversos agentes, cada um de nacionalidade diferente. Mesmo assim, a *Lex Patriae* é aplicada em certos casos, principalmente quanto aos direitos de personalidade, como maioridade e estado civil. É conveniente ligar esta questão com o estudo mais amplo que fazemos da nacionalidade neste mesmo compêndio.

2.7 *Lex loci celebrationis*

É mais aplicada no Direito Contratual. Se um contrato é celebrado num determinado país, presume-se que as partes tenham se dirigido para aquele país por terem vínculos com ele. Em consequência, o contrato vincula-se ao sistema jurídico em que ele é assinado e estabelecido. Há muitas exceções, pois muitos contratos de interesse no Brasil são assinados em outros países, mormente nos "paraísos fiscais", como Cayman Islands.

2.8 *Lex loci executionis*

Da mesma forma que o anterior, é aplicado no Direito Contratual. É o mais importante no que toca às obrigações. Um contrato pode ser assinado e estabelecido em um lugar, em operação rápida.

Na maior parte dos contratos, o cumprimento das obrigações de cada uma das partes ocorre no lugar em que se põem em prática as obrigações assumidas. O insigne jurista alemão SAVIGNY chama de sede da relação jurídica.

2.9 *Lex fori*

A Lei do Foro é vista pelo aspecto processual, pela atividade das funções judiciárias dos Estados. Uma questão judicial é sempre submetida ao julgamento de um juiz; a lei do local em que o juiz esteja situado é que deve ser invocada em primeiro lugar. Não é possível que um juiz de São Paulo julgue uma questão que lhe seja submetida sem aplicar, em primeiro plano, a lei brasileira. A lei de outros países pode ser invocada, mas nunca excluindo a lei nacional, ou seja, a Lei do Foro.

2.10 *Lex voluntatis*

As partes envolvidas numa questão jurídica podem escolher qual será a lei que regerá o contrato. Baseia-se esse elemento no critério da "autonomia da vontade". Assim, se for assinado um contrato entre uma empresa brasileira e outra uruguaia, as partes podem decidir numa cláusula contratual se o contrato será regido pela lei brasileira ou pela uruguaia, com ainda o foro competente.

Não há, porém, total liberdade na escolha do foro competente que irá julgar as questões entre as partes. Aquelas duas empresas, brasileira e uruguaia, não podem escolher a Justiça da Turquia para dirimir conflitos entre elas. Deve haver um elemento de conexão poderoso para justificar a escolha. Têm elas liberdade de optar pela Arbitragem, ou seja, uma justiça doméstica entre as duas, escolhendo ainda o direito aplicável, mas não escolhendo a justiça pública de outro país.

2.11 *Lex rei sitae*

Quando se discutem problemas de posse ou prioridade de bens imóveis, há uma preponderância no mundo inteiro da lei que vigora no local em que o bem esteja situado. A legislação de um país, normalmente estabelece as normas sobre imóveis e, para tomar posse dele, há necessidade de o proprietário deslocar-se para o país onde o imóvel esteja situado.

Outros elementos – a esses onze elementos de conexão adicionam-se outros mais, utilizados em menor escala, mas em alguns países ou em algumas ocasiões. É o caso da religião e do idioma. A religião é elemento de conexão importante perante o Direito muçulmano, como acontece no Líbano, e tem reflexos no Código Civil da Áustria.

2.12 *O reenvio*

O Direito francês resolveu uma questão que marcou época e relevou um instituto de Direito Internacional Privado que iremos examinar. Um cidadão de nome F.X.F. nasceu na Baviera, então um país independente, hoje parte integrante da Alemanha. Entretanto, sua mãe emigrou com ele para a França, sem deixar descendente nem ascendente, nem irmãos ou esposo. Deixou, porém, uma considerável fortuna ao morrer *ab intestato*. O Direito francês estabelecia, como norma de Direito Internacional Privado, o domicílio original como elemento de conexão, no que toca às sucessões. Logo, deveria ser aplicado o Direito bávaro nesta questão, pois F. declarava seu domicílio ainda na Baviera. Consoante o Direito bávaro, os parentes colaterais de F. seriam os herdeiros de seu espólio. Estaria assim resolvida a questão, aplicando-se o Direito bávaro.

Todavia, a Justiça francesa constatou que o Direito bávaro estabelecia como elemento de conexão o local dos bens no que tange ao

Direito Sucessório. Destarte, remetida a questão ao Direito bávaro, este o devolveu ao Direito francês. Segundo o Direito Civil francês, os parentes colaterais não são herdeiros, devendo então o espólio de F. ser revertido ao Erário francês. Houve, portanto, uma questão remetida pelo Direito francês ao Direito bávaro, mas este a devolveu para o Direito francês. Esse fenômeno jurídico, típico de Direito Internacional Privado, chama-se reenvio, retorno ou devolução. Neste caso de retorno, o juiz francês descartou, a princípio, o Direito de seu país, mas depois o adotou. Foi uma opção: entre o Direito nacional e o estrangeiro, optou pelo seu Direito.

O reenvio é aplicado na maioria dos países, mas no Brasil encontra barreiras no art. 16 da Lei de Introdução ao Código Civil, que assim diz:

> "Quando, nos arts. precedentes, se houver de aplicar a lei estrangeira, ter-se-á em vista a disposição desta, sem considerar-se qualquer remissão por ela feita a outra lei".

Logo, no Direito brasileiro não se pode aplicar o reenvio. Outros países também o proíbem, como é o caso da Itália. O Código Civil italiano é antecedido por uma parte denominada "Disposições sobre a Lei em Geral", ou "Disposições Preliminares". O art. 30 dessas "Disposições Preliminares" é bem semelhante ao nosso art. 16 e acreditamos que tenha servido de base para nossa lei:

Rinvio ad altra legge	*Reenvio a outra lei*
Quando ai termini degli articoli precedenti, si deve applicare una legge straniera, si applicano le disposizioni della legge stessa senza tener conto del rinvio da essa fatto ad altra legge.	*Quando, nos termos dos arts. precedentes, se deve aplicar uma lei estrangeira, aplicam-se as disposições dessa mesma lei, sem se levar em conta o reenvio dessa, feito para outra lei.*

A redação desse artigo auxilia a interpretação do nosso art. 16, não deixando duvidar quanto à vedação do reenvio no Direito brasileiro. Sua aplicação, contudo, ainda que fosse possível, teria que se basear em dois pressupostos básicos. Um deles é o conflito entre dois elementos de conexão; se o Direito de cada um dos países envolvidos na questão aplicarem a ela o mesmo elemento de conexão, inexistiria reenvio. O segundo pressuposto é a faculdade reservada à Justiça de um país, para optar por sua lei, quando for invocado o Direito estrangeiro por algum interessado.

É, pois, uma questão de hermenêutica jurídica, vale dizer, uma técnica de interpretação da lei que leva o juiz a escolher entre a lei de dois países, qual delas deverá aplicar. A natural tendência é fazer o juiz aplicar a lei de seu país. Apela então o juiz ao Direito Internacional Privado para garantir a aplicação da lei nacional. Reflexo dessa tendência natural pode ser encontrada na própria Lei de Introdução ao Código Civil: enquanto o art. 16 proíbe o reenvio, o art. 10 abre uma exceção. Eis o que diz o artigo:

> "A sucessão por morte ou por ausência obedece à lei do país em que era domiciliado o defunto ou o desaparecido, qualquer que seja a natureza da situação dos bens.
> § 1º - A vocação para suceder em bens de estrangeiro situados no Brasil será regulada pela lei brasileira em benefício do cônjuge brasileiro e dos filhos do casal, sempre que não lhes seja favorável a lei do domicílio".

Vamos interpretar bem o art. 10 da Lei de Introdução ao Código Civil, que estabelece a *lex domicilii* como elemento de conexão aplicado no Direito das Sucessões. Digamos que venha a falecer na Alemanha um cidadão alemão lá domiciliado. Contudo, deixa ele filhos brasileiros e bens situados no Brasil. Tanto no Brasil, como na Alemanha abre-se a sucessão no domicílio do *de cujus*; aplicar-se-á, pois, o Direito alemão na condução do inventário deste cidadão.

Entretanto, a viúva e os filhos do casal poderão invocar a aplicação da lei brasileira no que tange aos bens do *de cujus*, que estiverem localizados no Brasil, porque nossa lei é mais benfazeja a eles. Assim sendo, os herdeiros brasileiros fizeram remissão ao Direito alemão na abertura do inventário. Depois, o Direito alemão devolveu a questão ao Direito brasileiro.

3. ELEMENTOS DE CONEXÃO NO DIREITO BRASILEIRO

3.1 Dispositivos legais — Qualificações
3.2 Direito de Família e de Personalidade
3.3 Direito das Coisas
3.4 Direito Obrigacional
3.5 Direito das Sucessões
3.6 Direito Societário
3.7 Direito Processual

3.1 Dispositivos legais - Qualificações

No exame de uma questão pela justiça brasileira, questão essa ligada a outras legislações, diversos elementos de conexão podem ser encontrados em nosso Direito, mormente na Lei de Introdução ao Código Civil — LICC, dispositivo básico nesta matéria. A Lei de Introdução ao Código Civil consta de duas partes. A primeira, nos arts. 1º ao 6º, cuida da forma de aplicação da lei. A segunda parte, compreendendo os arts. 7º ao 19, estabelece normas de Direito Internacional Privado, estando vários elementos de conexão indicados nos arts. 7º ao 13.

Para captar o elemento de conexão aplicável a uma determinada questão *sub judice*, um estudo prévio impõe-se: qualificar esta questão, enquadrando-a num determinado regime jurídico, pois que muitos institutos e relações jurídicas encontram desigual tratamento no Direito de cada país. A ordem de vocação hereditária não é a mesma em todos os países. Os direitos patrimoniais da mulher casada pertencem ao Direito de Família em certos países e ao Direito das Sucessões em outros. O recebimento de um imóvel por herança pertence ao Direito das Sucessões no Brasil. Na França, contudo, a herança é uma das formas de aquisição da propriedade: pertence ao Direito das Coisas.

Afora essas diferenças, certos institutos, como o noivado, o domicílio, a prescrição e outros encontram tratamento peculiar em cada país. As qualificações constituem a solução desses problemas, procurando enquadrar a questão *sub judice* num determinado regime jurídico e só após a qualificação será possível indicar o elemento de conexão que ligue potencialmente a questão à legislação de um país e qual o tipo de lei. Isto quer dizer que os fatos estão identificados dentro do ordenamento jurídico de um país, ficando, pois, qualificada a relação jurídica no que toca à sua natureza.

Vamos examinar um exemplo. Nosso Código Civil, ao indicar no art. 44 quais são os imóveis, indica no inciso II também como imóveis as apólices de dívida pública oneradas com a cláusula de inalienabilidade. São bens imóveis no Brasil, mas não em outros países, havendo, portanto, disparidade de qualificação. Se examinarmos o Código Civil da França e da Itália, não encontraremos idêntica consideração, visto que, perante o Direito desses países, tratam-se de bens móveis. Para qualificar os bens imóveis, aplica-se a *lex rei sitae*, adotada pela LICC no art. 8°, mas os bens móveis submetem-se a outros elementos de conexão.

As qualificações foram levantadas, no final do século passado, pelo internacionalista francês ETIENNE BARTIN, ao examinar dois casos: a viúva maltesa e o testamento ológrafo.

O caso da viúva maltesa foi um processo que agitou a Justiça da Argélia, então uma colônia da França, no Norte da África, na qual vigorava o Direito francês. Um casal proveniente da Ilha de Malta, um país independente, no qual haviam se casado sem pacto antenupcial, emigrou para a Argélia. O marido faleceu depois, deixando muitos bens, mormente imóveis gravados com usufruto. O casal não teve filhos.

A viúva requereu a abertura do inventário na justiça argelina, último domicílio do *de cujus*, reclamando para ela a adjudicação de todos os bens, de acordo com a lei de Malta. Alegou ela que o casamento fora realizado em Malta, marido e mulher eram malteses, e foi em Malta o primeiro domicílio do casal. Invocou então três elementos de conexão: a nacionalidade das partes, o regime de bens no casamento e o domicílio do casal, como principais elementos de conexão para ligar o inventário à lei de Malta.

Os motivos que levaram a viúva maltese a apegar-se à lei de Malta são claros: o Direito maltês confere ao cônjuge supérstite valiosos direitos, conferindo-os aos filhos. Como o casal não tinha filhos, a herança seria declarada jacente e, portanto, ficaria para o governo argelino. Por isso, o Procurador de Justiça da Argélia requereu fosse o inventário submetido ao Direito sucessório argelino, invocando a *lex fori*, ou seja, a aplicação do Direito do local em que o processo esteja correndo, bem como a *lex rei sitae*, pois a maior parte dos bens era constituída de imóveis situados na Argélia.

A justiça argelina qualificou a questão no campo do Direito de Família, ou, mais precisamente, no regime de bens do casamento. A questão foi assim decidida de forma favorável à viúva. O aspecto mais polêmico da questão foi, assim, o da escolha dos elementos de conexão aplicados no processo, o que se tornou possível após o longo trabalho de qualificação da contenda no campo apropriado do Direito.

O segundo caso a agitar o problema foi o do testamento ológrafo de um holandês, ou seja, um testamento escrito à mão e assinado pelo testador. Esse tipo de testamento é admitido em alguns países, sendo regulamentado pelo Código Civil brasileiro nos arts. 1.646 a 1.649, e no Código Civil francês. Em alguns países, como na Holanda, ele não é permitido, devendo ser feito por instrumento público.

Um cidadão holandês residiu vários anos na França, sem deixar descendentes, abrindo-se então a sucessão em Paris, local do último domicílio do *de cujus*. Deixou ele um testamento, destinando, a vários parentes, bens localizados na França e alguns na Holanda. Alguns parentes requereram a nulidade do testamento, pois não era permitido pela lei holandesa, isto é, a lei da nacionalidade do *de cujus*.

Outros parentes defenderam a validade do testamento, pois o que estava em discussão era a validade de um ato jurídico e só depois deveria ser cogitada a questão sucessória. A justiça francesa considerou válido o testamento, considerando que um ato jurídico, no seu aspecto formal, deve ser regido pela lei do lugar em que ele for praticado (*locus regit actum*). O Direito francês permitia o testamento ológrafo, e a questão foi qualificada como forma extrínseca de um ato jurídico e não como capacidade da pessoa, caso em que deveria ser adotada a *lex patriae*.

Vê-se assim que a escolha do elemento de conexão só pode ser adotada após a qualificação de um problema em discussão judicial em um determinado ramo do Direito.

3.2 Direito de Família e de Personalidade

No Direito de Família, como os demais direitos de personalidade, o elemento de conexão é indicado no art. 7°, como o domicílio da pessoa. Neste aspecto, o Direito brasileiro destoa dos demais, que consideram a nacionalidade como o elemento que vincula a pessoa a uma lei. Assim era também no Brasil até a última Grande Guerra. Com a entrada do Brasil na guerra, reformulou-se a LICC, substituindo a nacionalidade pelo domicílio. A mudança foi determinada por motivos políticos, econômicos e de segurança nacional, em vista de o Brasil ter entrado na guerra contra os países chamados do Eixo (Alemanha, Itália, Japão), que contavam ainda com a simpatia dos países de regime de direita, como Portugal e Espanha.

Tendo em vista que a imigração estrangeira para o Brasil era oriunda principalmente desses países, houve conveniência de desvincular seus cidadãos, domiciliados no Brasil, do direito e de sua terra de origem. Terminada a guerra, a LICC foi mantida, embora tivessem cessado os motivos determinantes da mudança. Assim, diz textualmente o art. 7° da LICC que a lei em que for domiciliada a pessoa determina as regras sobre o começo e o fim da personalidade, o nome, a capacidade e os direitos de família.

Será conveniente transcrever o longo capítulo 7°, específico para esses dois ramos do Direito:

> "A lei do país em que for domiciliada a pessoa determina as regras sobre o começo e o fim da personalidade, o nome, a capacidade e os direitos de família.
> § 1° Realizando-se o casamento no Brasil, será aplicada a lei brasileira quanto aos impedimentos dirimentes e às formalidades da celebração.

§ 2º O casamento de estrangeiros poderá celebrar-se perante autoridades diplomáticas ou consulares do país de ambos os nubentes.

§ 3º Tendo os nubentes domicílio diverso, regerá os casos de invalidade do matrimônio a lei do primeiro domicílio conjugal.

§ 4º O regime de bens, legal ou convencional, obedece à lei do país em que tiverem os nubentes domicílio, e, se este for diverso, à do primeiro domicílio conjugal.

§ 5º O estrangeiro casado, que se naturalizar brasileiro, pode, mediante expressa anuência de seu cônjuge, requerer ao juiz, no ato de entrega do decreto de naturalização, se apostile ao mesmo a adoção do regime de comunhão parcial de bens, respeitados os direitos de terceiros e dada esta adoção ao competente registro.

§ 6º O divórcio realizado no estrangeiro, se um ou ambos os cônjuges forem brasileiros, só será reconhecido no Brasil depois de três anos da data da sentença, salvo se houver sido antecedida de separação judicial por igual prazo, caso em que a homologação produzirá efeito imediato, obedecidas as condições estabelecidas para a eficácia das sentenças estrangeiras no país. O Supremo Tribunal Federal, na forma de seu regimento interno, poderá reexaminar, a requerimento do interessado, decisões já proferidas em pedidos de homologação de sentenças estrangeiras de divórcio de brasileiros, a fim de que passem a produzir todos os efeitos legais.

§ 7º Salvo o caso de abandono, o domicílio do chefe da família estende-se ao outro cônjuge e aos filhos não emancipados, e o do tutor ou curador aos incapazes sob sua guarda.

§ 8º Quando a pessoa não tiver domicílio, considerar-se-á domiciliada no lugar de sua residência ou naquele em que se encontre".

Os direitos inerentes à personalidade humana, como o nome, a capacidade, o registro civil, são bem próximos ao Direito de Família e por isso devem ter sido previstos no mesmo artigo. Prevalece para eles a *lex domicilii*. O primeiro domicílio do homem é o local em que nasce. Assim sendo, quem nasce no Brasil já está coberto pela lei de seu primeiro domicílio. Para qualquer pessoa domiciliada no Brasil aplica-se a lei brasileira, segundo o *caput* do art. 7º da LICC. Assim, no tocante ao início e fim da personalidade, vigora o que dispõem os arts. 4º, 10 e 11 do Código Civil. Quanto à capacidade, os critérios constam dos arts. 5º a 9º.

O § 1º abre a primeira exceção: se o casamento for realizado no Brasil, prevalece o *locus regit actum* (o local rege o ato). No Direito de outros países também predomina esse elemento de conexão. Se o casamento é realizado no Brasil e produzirá efeitos em nosso país, deverá seguir a nossa lei, ou seja, deverá haver os proclamas, ser realizado perante o Juiz de Casamentos, com registro no livro próprio do Cartório de Registro Civil de Pessoas Naturais. Os impedimentos dirimentes são os sérios obstáculos à realização do casamento, como de ascendentes com descendentes ou de pessoas já casadas. Ainda que um cidadão seja de país adotante da poligamia, não poderá casar-se no Brasil se já for casado.

Se os noivos forem estrangeiros e quiserem se casar segundo a lei de seu país, podem invocar a nacionalidade (*lex patriae*) como elemento de conexão. Deverão casar-se, porém, no consulado ou embaixada de seu país, porquanto, se se casarem no Brasil, aplicar-se-á o *locus regit actum*.

O § 3º prevê a possibilidade de terem os noivos domicílio temporário no Brasil e pretendam ainda estabelecer seu domicílio definitivo. Se quiserem casar-se no Brasil, mas projetam mudar-se para outro país, será a lei desse primeiro domicílio conjugal que regerá as causas de invalidade do casamento.

A *lex voluntalis* (autonomia da vontade) é encontrada no § 5º, referente ao estrangeiro que se naturalizar brasileiro, sendo já casado no exterior. O regime de bens apresenta variação entre o Brasil e a maioria dos países e, ao se naturalizar brasileiro, o estrangeiro poderá adotar o nosso regime costumeiro de bens, vale dizer, o da comunhão parcial. Se assim preferir, requererá, com aprovação de seu cônjuge, a averbação da adoção desse regime.

A lex patriae (lei da nacionalidade) aplica-se no caso de divórcio de brasileiros realizado no estrangeiro. Deverá ele amoldar-se à lei brasileira para ser reconhecido no Brasil. Segundo a Lei do Divórcio, este só será concedido após três anos do casamento, ou seja, após dois anos, poderá haver separação judicial e um ano depois esta poderá ser convolada em divórcio. A sentença de divórcio prolatada no exterior, se os cônjuges forem brasileiros, só será reconhecida no Brasil após três anos. Se esse prazo não fosse exigido, ensejaria fraude, pois um casal contornaria facilmente a lei brasileira, divorciando-se em outro país, logo após o casamento no Brasil.

3.3. Direito das coisas

O Direito romano criou o Direito das Coisas como o conjunto de princípios e normas que regem as coisas, assim considerados os bens materiais (ou corpóreos) suscetíveis de apropriação pelo homem. Tem como institutos fundamentais a posse e a propriedade. É um ramo do Direito que, no decorrer dos séculos, pouco evoluiu e permaneceu com semelhança entre os diversos países do mundo ocidental e ainda muito calcado no Direito da antiga Roma.

Com a ascensão dos países socialistas no concerto universal e com a propagação das ideias marxistas, o conceito e a interpretação da posse e da propriedade vêm sendo reformulados profundamente. Por essa razão, diversos países estão adotando prismas especiais na análise das relações jurídicas referentes às coisas, quebrando a uniformidade conceitual que se vinha mantendo.

Com referência às coisas, estabelece o art. 8º da LICC que, para qualificar os bens e regular as relações a ele concernentes, aplicar-se-á a lei do país em que estiverem situados. Muito vaga é a expressão "bens" no *caput* deste artigo. Deveria ser a de "coisas imóveis" ou "bens corpóreos móveis". De maneira geral, o

Direito das Coisas divide-as em móveis e imóveis, e o *caput* do art. 8º refere-se especificamente a imóveis, adotando a *lex rei sitae*.

A evidência desse critério é patente. Um imóvel faz parte de um território e dele não pode ser descartado. Natural, pois, que se aplique às relações jurídicas concernentes aos imóveis a lei do país que mantenha a soberania sobre o território em que o imóvel esteja situado, porquanto dele não pode ser removido.

O §1º deste artigo adota elemento de conexão diferente para os bens móveis, com a *lex domicilii* do proprietário das coisas. Esse princípio é muito invocado por pessoas que estejam de passagem em outro país; os bens que leva consigo, inclusive a roupa do corpo, aderem à sua pessoa e a acompanham. Não caberá à justiça brasileira decidir se é legítima a forma de aquisição de uma máquina fotográfica adquirida no exterior por um estrangeiro que passe férias no Brasil.

O § 2º do art. 8º estabelece outro elemento de conexão para um tipo especial de contrato: o de penhor. O penhor é o contrato pelo qual um devedor entrega ao credor uma "coisa móvel", como garantia da dívida, para assegurar o pagamento desta. O credor não é o dono da coisa móvel apenhada, mas tem a posse dela, como se sua fosse; é um dos casos do *jus in re aliena*. A coisa apenhada situa-se no mesmo caso previsto no parágrafo anterior; adere à pessoa de seu portador e a acompanha física e juridicamente.

3.4 Direito Obrigacional

Quase todas as relações internacionais entre pessoas privadas, mormente de caráter econômico, situam-se no campo do Direito obrigacional, também referido como Direito contratual. No âmbito do Direito Internacional Público quase todo o relacionamento entre pessoas jurídicas de direito público decorre de obrigações oriundas de atos unilaterais, atos emanados de organizações internacionais ou de tratados internacionais. Lembre-se ainda que existem obrigações oriundas da prática de atos ilícitos.

No âmbito do Direito Internacional Privado, observa-se a mesma incidência. Se existe causa constante do relacionamento entre pessoas físicas e jurídicas de natureza privada, é para reclamar direitos ou cumprir obrigações, geralmente oriundas de um contrato. O que movimenta os mares e ares do mundo é o contrato de importação/exportação de mercadorias; para ele aplicam-se outros contratos, como o de financiamento, crédito documentário, de garantias e vários outros.

No plano do Direito nacional, essa abrangência não é tão marcante, mas não perde a semelhança. Se analisarmos nossa vida cotidiana, concluiremos que a maior parte de nossas relações jurídicas liga-se ao cumprimento de obrigações. Se examinarmos nosso Código Civil, notaremos que o Direito obrigacional ocupa 40% de nosso Código e, no mundo moderno, são os arts. mais invocados perante a justiça.

Ante a abrangência e a complexidade da aplicação dos contratos no plano internacional, não é ponto pacífico encontrar o elemento de conexão mais adequado a ligar um fato ao Direito que se aplica. O art. 9º da LICC deixa claro e de forma simplista que, para reger as obrigações, aplica-se a lei do lugar em que se constituírem: *locus regit actum*. Contudo, não é nada fácil determinar o lugar em que as obrigações vão surgindo, na constância de um único contrato.

Muitos locais podem se vincular a um contrato. Imaginemos que um vendedor de soja coloque sua produção à venda na Bolsa de Cereais ou na Bolsa de Mercadorias de São Paulo ou na Bolsa Mercantil & Futuros. Por um telex da Bolsa de Cereais em São Paulo, a mercadoria é colocada à venda na Bolsa de Londres, que faz oferta a qualquer comprador da União Europeia. Uma empresa alemã aceita a oferta e adquire a mercadoria. Devido ao financiamento de um banco suíço, o contrato é formalizado em Zurique. A mercadoria está coberta, desde o embarque até o desembarque, por um contrato de seguro de uma seguradora francesa.

A mercadoria é embarcada em Santos, fazendo escala em Portugal e na França, sendo desembarcada no porto de Roterdã, na Holanda, de onde seguirá para o interior da Alemanha por ferrovia. Ainda na Holanda, a mercadoria sofre um acidente e os prejuízos devem ser reclamados pelas partes junto à empresa seguradora, sediada em Paris. Há muitos locais, portanto, em que diversos fatos possam ocorrer e gerar direitos e obrigações, todos, porém, inseridos num único contrato.

Há, pois, vários locais juridicamente relevantes para se constituírem como elementos de conexão: lugar da celebração do contrato, lugar da execução, lugar em que o contrato é proposto, lugar em que é feita a aceitação. O art. 9º da LICC estabelece, porém, que o elemento de conexão preponderante é o lugar em que as obrigações se constituírem. No exemplo acima, prevaleceria a lei da Suíça, local onde o contrato foi formalizado. Não consideramos pacífica essa solução, porquanto é muito discutível o momento em que as obrigações foram assumidas.

O art. 9º prevê, outrossim, alguns casos especiais: o § 1º diz que a obrigação, se tiver de ser executada no Brasil, as formalidades extrínsecas do ato respeitarão a lei do lugar em que se contraiu o contrato. Dá a entender que se o contrato for executado no Brasil sujeita-se à jurisdição e à lei do Brasil: *lex loci executionis*. Julgamos confusa essa disposição, porém há jurisprudência esclarecendo que "se a obrigação é de ser cumprida no Brasil, a competência da Justiça brasileira é inafastável" ("RT", vol. 580/70).

O § 2º do art. 9º é bem mais claro e se refere especificamente a obrigação contratual, dizendo que "a obrigação resultante do contrato reputa-se constituída no lugar em que reside o proponente. Se nas obrigações em geral vigora a *lex loci celebrationis*, nas obrigações contratuais vigora a *lex domicilii* da parte que propõe a celebração do contrato, do policitante. Em sentido geral, um contrato consta de dois atos: a proposta e a aceitação. É preciso que uma das partes ofereça a quem possa interessar a realização de um negócio; à outra cabe recusar ou aceitar, mas, se aceitar, chegaram as partes ao elemento essencial: *o consensus*.

O Direito romano, muito formalista, expressava esses momentos na pergunta e resposta: *Spondes?*, ao que a outra parte respondia: *Spondio* (Aceitas? Aceito). O proponente é chamado de policitante e o proposto de oblato. Essas disposições vigoram no Direito de muitos países, conforme também são regulamentadas pelos arts. 1.080 a 1.086 de nosso Código Civil. Mesmo entre os países de sistema jurídico não romano, a proposta e a aceitação constituem dois elementos essenciais do contrato, porém, ante a complexidade dos modernos contratos, surgem várias dúvidas.

No exemplo examinado nesses comentários, quem seria o proponente? Ao que tudo indica, o dono da mercadoria, domiciliado no Brasil, que fez a oferta por intermédio da Bolsa de Cereais de São Paulo. A proposta e a aceitação foram regulamentadas pela Convenção das Nações Unidas sobre os Contratos de Compra e Venda Internacional de Mercadorias, aprovada em Viena, em 1980, nos arts. 14 a 24.

3.5 Direito das Sucessões

A *lex domicilii* é também aplicada na sucessão de quem falece ou venha a ser declarado ausente. Esse princípio é quase universal, porquanto o inventário de bens costuma ser processado na jurisdição do domicílio do *de cujus*. É o que estabelece o art. 1.578 de nosso Código Civil, ao dizer que a sucessão se abre no lugar do último domicílio do falecido. O art. 96 de nosso Código de Processo Civil é mais explícito, dispondo que:

> "O foro do domicílio do autor da herança, no Brasil, é o competente para o inventário, a partilha, a arrecadação, o cumprimento de disposições de última vontade e todas as ações em que o espólio for réu, ainda que o óbito tenha ocorrido no estrangeiro".

O § 1° deste artigo abre uma exceção, estabelecendo a nacionalidade para a determinação do direito aplicável a uma questão sucessória. Se falecer um estrangeiro que estava domiciliado no exterior, abre-se a sucessão no país em que esse estrangeiro estava domiciliado. Se, porém, esse estrangeiro tiver como herdeiros mulher e filhos brasileiros e bens no Brasil, estes poderão invocar a lei brasileira para a sucessão do *de cujus*, aplicando-se, assim, além da *lex patriae*, a *lex rei sitae*. Poderão, assim, requerer a abertura da sucessão na Justiça brasileira, se a julgarem mais conveniente do que a justiça estrangeira, pelo menos no que tange aos bens localizados no Brasil. É o uso do reenvio ou retorno.

3.6 Direito Societário

Pelo que estabelece o art. 11 da LICC, as sociedades de qualquer tipo e outras entidades de interesse coletivo, como as fundações e as associações, deverão ser estruturadas e organizadas de acordo com a lei do país em que forem constituídas. É a aplicação do *locus regit actum*. Assim, uma empresa constituída nos EUA deverá seguir o padrão daquele país, com seus atos constitutivos elaborados de acordo com as normas americanas e registrados nos órgãos competentes daqueles país. Essa empresa será para nós uma empresa estrangeira.

A empresa brasileira é aquela que for registrada no órgão competente, ou seja, o Registro das Empresas, mais restritamente, a Junta Comercial. Para esse registro, os atos constitutivos dessa empresa devem ser elaborados nos termos da lei brasileira, pois o local rege o ato. É também empresa brasileira aquela cujo poder de comando esteja domiciliado no exterior, mas, desde que registrada na Junta Comercial, e para esse registro exige-se que seus atos constitutivos sejam elaborados de acordo com a lei brasileira. É então chamada EBCE — Empresa Brasileira de Capital Estrangeiro, tal como a classificava nossa Constituição Federal.

As pessoas jurídicas de direito público externo, mais precisamente os Estados estrangeiros, ou organizações que eles possuam, só poderão adquirir imóveis ou outros suscetíveis de desapropriação, desde que seja para instalação de embaixada ou consulado. Vigora o princípio da *lex rei sitae*, invocada regularmente para bens imóveis.

3.7 Direito Processual

O art. 12 aponta três elementos de conexão aplicados nos processos envolvendo o direito do Brasil e de outro país. Diz o *caput* deste artigo que é competente a autoridade judiciária brasileira quando for o réu domiciliado no Brasil ou aqui tiver de ser cumprida a obrigação. Que o réu deva ser demandado em seu domicílio é princípio universal, razão pela qual a *lex domicilii* está seguindo o costume geral.

Quanto à *lex loci executionis* (lei do lugar da execução das obrigações), aplicada a uma obrigação que tiver de ser cumprida no Brasil, atende a razões de ordem prática. A justiça estrangeira encontraria dificuldades em obrigar alguém a cumprir obrigações no Brasil. Embora diga o art. 9° que para qualificar e reger obrigação aplicar-se-á a lei do país em que ela se constituir (*lex loci celebrationis*), em termos processuais deve vigorar a *lex loci executionis*.

A *locus rei sitae* é invocada no § 1°: "Só à autoridade judiciária brasileira compete conhecer das ações relativas a imóveis situados no Brasil". Remete ao elemento de conexão aplicado no Direito das Coisas, ou mais precisamente, das coisas imóveis. As mesmas disposições iremos encontrar no Direito interno, nos arts. 88, 89, 94 e 95 do Código de Processo Civil.

O § 2° prevê uma questão de aplicação do Direito estrangeiro no Brasil, no que tange às decisões judiciais estrangeiras: a autoridade judiciária brasileira concederá o *exequatur* e cumprirá, segundo a forma estabelecida pela lei brasileira, as diligências deprecadas por autoridade estrangeira competente, observando a lei desta quanto ao objeto das diligências. Volta novamente a *lex loci executionis*: se há execução de sentença estrangeira no Brasil, o *modus faciendi* deverá ser de acordo com o Direito Processual brasileiro. Segundo o princípio da exterritorialidade, a Justiça brasileira aplica o Direito estrangeiro no Brasil, mas não lhe cabe comportar-se conforme o Direito estrangeiro.

O *exequatur* (execute-se, cumpra-se) é a autorização do Supremo Tribunal Federal para que se cumpra no Brasil a decisão requerida por autoridade judiciária de outro país.

Outra disposição de caráter processual é encontrada no art. 13: a prova dos fatos ocorridos em país estrangeiro rege-se pela lei que nele vigorar, quanto ao ônus e aos meios de produzir-se, não admitindo os tribunais brasileiros provas que a lei brasileira desconheça. Vigora, na questão das provas, o *locus regit actum*. No primeiro capítulo deste compêndio fizemos referência a um acidente causado no Uruguai por um brasileiro, provocando contra ele ação de reparação de danos em São Paulo. As provas que instruíram esse processo foram elaboradas pela polícia uruguaia, de acordo com as leis do Uruguai. Eram provas permitidas pelo Direito brasileiro. Caso houvesse prova não prevista pela lei brasileira, como gravação telefônica, nosso judiciário não poderia aceitar.

Ainda com referência à prova, o art. 14 nos traz exigência corroborada pelo art. 337 do Código de Processo Civil. Se alguém invocar a lei estrangeira perante o Judiciário brasileiro, poderá o juiz exigir de quem a invoca o texto dessa lei e comprovação de sua vigência. A prova do texto é fácil de produzir, mas a vigência não é tão fácil. Seria o caso, por exemplo, de cópia autenticada de um código, de edição recente.

4. APLICAÇÃO DO DIREITO ESTRANGEIRO NO BRASIL

4.1 A soberania do Estado
4.2 Dispositivos legais
4.3 Restrições à aplicação da lei estrangeira

4.1 A soberania do Estado

O Direito Internacional Privado é considerado como o conjunto de normas que procura solucionar o conflito de leis toda vez que a lei de um país deva ser aplicada em outro país. Implica, porém, em que a lei de um país conflite com a lei de outro; se as leis dos vários países fossem iguais, não haveria conflito a ser solucionado e, portanto, não seria invocado o Direito Internacional Privado. A pretensa uniformidade das leis entre os vários países é uma utopia e por isso dificilmente deixará de haver a invocação das normas do Direito Internacional Privado.

Um país que permitir a aplicação da lei estrangeira em seu território transforma o direito estrangeiro em Direito nacional, no seu Direito. A aplicação do Direito estrangeiro no Brasil poderá, contudo, provocar novo conflito, não só com a lei nacional, mas com a própria soberania nacional; não se sabe até que ponto a lei estrangeira, ao ser aplicada no Brasil, possa significar a submissão da Justiça brasileira a um *jus extraneum*.

Característica primordial do Estado é a sua soberania; esta soberania exerce-se principalmente na imposição de sua lei e de sua jurisdição ao povo e ao território ocupado pelo Estado. Por isso, o ilustre mestre de Direito paulista, o Professor GABRIEL REZENDE FILHO, definiu a jurisdição desta forma: "Jurisdição é uma função da soberania do Estado; é o poder de declarar o direito aplicável aos fatos".

A soberania de um Estado tem, todavia, o limite pessoal e territorial; aplica-se apenas aos seus cidadãos que se encontrem em seu território e fora dele. Por outro lado, a soberania de um Estado só se exerce em seu território e sobre as pessoas que nele se encontrem. Assim, a jurisdição, a lei, as decisões judiciais só produzirão os peculiares efeitos de direito, nas lindes das fronteiras em que o Estado exercer sua soberania. Além dessas fronteiras em que o Estado exercer sua soberania, vigora a soberania de outro Estado, em que impera outro Direito.

Todo Estado soberano exige respeito às instituições jurídicas e por isso não pode aceitar indiscriminadamente a aplicação do Direito estrangeiro em seu território. A justiça brasileira, por exemplo, reconhece o *jus extraneum* e o aplica em nosso território; adota, porém, determinadas restrições, algumas exceções e submete os atos jurídicos estrangeiros ao crivo de sua análise e aprovação.

Embora se fale tradicionalmente em conflito de leis, o que existe é uma conciliação entre o *jus indigenum* e o *jus extraneum*. A justiça soberana do Brasil, no uso de sua competência jurisdicional, decide aplicar no Brasil o direito estrangeiro, dentro das condições que o Direito brasileiro permite. A exterritorialidade da lei é, portanto, o reconhecimento, por um Estado, da necessidade de aplicar uma lei promulgada fora de seus limites territoriais e jurisdicionais.

4.2 Dispositivos legais

A aplicação do Direito estrangeiro no Brasil não é arbitrária, mas é obrigada a observar certos requisitos, principalmente o reconhecimento das sentenças estrangeiras. Está, portanto, sujeita a determinadas normas estabelecidas no Brasil por vários estatutos, que serão inicialmente nomeados.

Nossa Constituição Federal é o primeiro diploma jurídico a reconhecer exterritorialidade da lei e as restrições que lhe são impostas. Ao descrever a competência do Supremo Tribunal Federal, atribui-lhe a competência exclusiva para a extradição solicitada por Estado estrangeiro, a homologação das sentenças estrangeiras e a concessão do *exequatur* às cartas rogatórias, que podem ser conferidas por seu regimento interno a seu Presidente.

Dentro da hierarquia das leis nacionais, o art. 15 da Lei de Introdução ao Código Civil (LICC) esmiúça melhor o dispositivo constitucional, apontando certos requisitos que a sentença estrangeira a ser executada no Brasil deva apresentar. Diz o art. 15 que será executada no Brasil a sentença proferida no estrangeiro que reúna cinco requisitos, quais sejam, haver sido proferida por juiz competente, terem sido as partes citadas ou haver-se legalmente verificado à revelia, ter passado em julgado e estar revestida das formalidades necessárias para a execução no lugar em que foi proferida, estar traduzida por intérprete autorizado e, finalmente, ter sido homologada pelo STF.

Nosso Código de Processo Civil traz um capítulo denominado "Da Homologação de Sentença Estrangeira", capítulo este constante dos arts. 483 e 484, alongando as disposições anteriormente referidas. Nosso CPC estabelece as condições para a execução no Brasil, dizendo o art. 483 que a sentença proferida por tribunal estrangeiro não terá eficácia no Brasil senão depois de homologada pelo STF. O parágrafo único desse artigo remete ao Regimento Interno do STF para os requisitos do processo de homologação.

Com a homologação da sentença estrangeira pelo STF, esta passa a ter a mesma eficácia que a sentença nacional, podendo ser executada pelo Judiciário brasileiro. Segundo o art. 484 do CPC, a execução far-se-á por carta de sentença extraída dos autos da homologação e obedecerá às regras estabelecidas para a execução da sentença nacional da mesma natureza. O art. 585 do CPC elenca, entre os títulos executivos judiciais, no inciso IV, a sentença estrangeira homologada pelo STF.

Quanto ao processo de homologação da sentença estrangeira, os trâmites são estabelecidos nos arts. 110 a 224 do Regimento Interno do STF, aliás, conforme previsto no parágrafo único do art. 483. O Regimento Interno do STF traz no Título VIII, denominado "Dos Processos Oriundos de Estados Estrangeiros" três capítulos: um regulamentando os processos de extradição, o segundo a homologação de sentença estrangeira, e o terceiro os de cumprimento de cartas rogatórias.

Genericamente, homologação quer dizer confirmação, anuência, concordância, reconhecimento, conformidade. Processualmente, a homologação é um sistema judicial, pelo qual a Justiça aprova uma convenção particular, transformando-a numa sentença judicial. Tomemos, por exemplo, uma convenção entre marido e mulher estabelecendo o divórcio, nos termos escolhidos por eles. Submetem, porém, essa convenção particular à apreciação do Poder Judiciário, requerendo sua homologação. Desde que o juiz homologue aquele acordo, passará a ter eficácia de uma sentença judicial.

Pela homologação, uma decisão particular é transformada em decisão judicial. É o caso de uma sentença que homologa uma partilha, ou um acerto entre devedor e credor. É o mesmo que acontece com a decisão da Justiça estrangeira; submetida à análise da Justiça brasileira, desde que esta a homologue, passa a ter a eficácia que teria uma decisão da justiça brasileira.

A homologação não é adotada em vários países e em outros tem efeitos diferentes. Formaram-se dois tipos de reconhecimento de atos judiciais estrangeiros: da revisão e da delibação. O sistema de revisão submete as decisões judiciais estrangeiras à ampla revisão, examinando-as tanto no aspectos formais, como substanciais. É o sistema francês, de aplicação em poucos países, como a França e a Bélgica.

O Brasil adota, porém, o sistema italiano da delibação, nos moldes divulgados pelo insigne processualista italiano ENRICO TULLIO LIEBMAN, que tanta influência exerceu no Direito brasileiro, mormente no atual CPC. Pelo sistema de delibação, os atos judiciais estrangeiros submetem-se à homologação pela Justiça nacional. O processo de homologação examina alguns aspectos da decisão estrangeira, mas não se aprofunda a ponto de se considerar uma revisão.

O sistema de delibação examina os aspectos formais da decisão alienígena, tal como previsto no art. 15 da Lei de Introdução ao Código Civil. Não entra no mérito da questão antes de reconhecê-la, como faria no Brasil o tribunal de segunda instância.

A homologação de decisões judiciais alienígenas só se faz mediante sentença proferida pelo STF, no julgamento do processo empreendido pelo interessado, perante a mais alta Corte de Justiça do país. Cabe o contraditório neste processo, devendo o réu ser citado para contestar a ação, cabendo também e réplica à contestação. A manifestação do executado é restrita, pois no sistema de delibação apenas se examinam os aspectos formais do ato decisório alienígena. Não pode o réu entrar no mérito do ato.

Entre os aspectos formais, um dos mais sugestivos é o exame dos documentos. Os documentos estrangeiros deverão instruir o processo, acompanhados de tradução feita por Tradutor Público Juramentado, tal como exige também o art. 157 do CPC. É preciso ainda que os documentos sejam autenticados pelo Consulado brasileiro no país em que a decisão foi prolatada. Se assim não estiverem, os documentos necessitarão ser registrados em Cartório de Registro de Títulos e Documentos, com as respectivas traduções. Essa exigência é feita pelo art. 148 da Lei dos Registros Públicos.

Outro aspecto que poderá ensejar a contestação do réu é o de que deverá constar nos documentos certidão do trânsito em julgado. Não se poderia realmente homologar uma sentença cuja eficácia ainda depende de confirmação no país de origem. A esse respeito, já houve pronunciamento do STF, pela Súmula n° 420.

O tipo de provas apresentadas e que possam ser reconhecidas pela Justiça brasileira conforma-se com o que dispõe o art. 13 da LICC. Diz o art. 13 que a prova dos fatos ocorridos em país estrangeiro rege-se pela lei que nele vigorar, quanto ao ônus e aos meios de produzir-se, não admitindo os Tribunais brasileiros provas que a lei brasileira desconheça.

Está aí um aspecto delicado e sutil, pois remete à lei estrangeira a regulamentação da prova. Quanto às provas que a lei brasileira desconheça, a questão é mais precisa, porquanto as provas em Direito permitidas estão descritas em nosso CPC e em outros diplomas legislativos. O art. 332 do CPC abre bastante o leque dos meios probatórios, estabelecendo que todos os meios legais, bem como os moralmente legítimos, ainda que não especificados no CPC, são hábeis para provar a verdade dos fatos em que se funda a ação ou a defesa.

Assim sendo, poucos são os meios de prova que a lei brasileira desconheça, mas, mesmo assim, encontram-se casos raros. É o que acontece com gravações de conversas telefônicas, aceitas em alguns países, mas que a nossa Justiça considera como prova muito precária, pois não é seguramente identificável a voz. Além disso, a gravação telefônica usada como prova judicial é, em grande parte dos casos, considera como ilegal e imoral.

Desde que a lei estrangeira seja invocada para ser aplicada no Brasil, caberá ao interessado trazer seu texto aos autos. Dispõe o art. 14 da LICC que o juiz, não conhecendo a lei estrangeira, poderá exigir de quem a invoca prova do texto e da vigência. Idêntica disposição consta do art. 338 do CPC.

4.3 Restrições à aplicação da lei estrangeira

Já se falou em um dos fundamentos do Direito Internacional Privado, que é o princípio da exterritorialidade da lei, pelo qual a lei de um país não se restringe aos seus limites territoriais. A lei acompanha os cidadãos de um país, onde quer que eles se encontrem, ou então coisas que estejam em discussão judicial. O Direto Internacional Privado tem como precípuo objetivo dar aplicabilidade à lei de um país em outro.

A legislação de um país surge para regulamentar o comportamento do povo desse país, sendo, portanto, a projeção e interpretação de tradições, de filosofia de vida, de costumes variados e de outras formas de vida. Sendo fruto da cultura de um povo, o direito desse povo não pode se incorporar ao direito de outro povo, de cultura bem diferente. O Direito estrangeiro vai encontrar barreiras, restrições e exceções, sempre que for aplicado em outro país.

O STF, ao homologar uma sentença judicial, tem base legal para descartar a homologação, negando a ela condições de exequibilidade no Brasil. A primeira base legal a ser invocada poderá ser a disposição do art. 17 da LICC, de que as leis, atos e sentenças de outro país, bem como quaisquer declarações de vontade, não terão eficácia no Brasil quando ofenderem a soberania nacional, a ordem pública e os bons costumes. Aponta, assim, três exceções à aplicação do Direito estrangeiro no Brasil. Às três podemos, entretanto, adicionar mais três: fraude à lei, instituição desconhecida e interesse nacional lesado.

Levando em conta o princípio de que proibir o abuso é consagrar o uso, o art. 17 assegura a aplicação do Direito estrangeiro no Brasil. Implicitamente, reconhece a exterritorialidade da lei, desde que sejam respeitadas as três exceções apontadas. Examinemos brevemente as exceções do art. 17 e outras que se revelaram.

Soberania Nacional

Essa expressão tem significado muito abrangente no Direito Público, mas no sentido que aqui examinamos liga-se principalmente aos problemas de segurança nacional. Por exemplo, alguma sentença estrangeira que dê direitos a qualquer Estado sobre imóvel no Brasil, a não ser que ali esteja sua embaixada, afrontará a soberania nacional. Da mesma forma, os direitos de uma empresa estrangeira sobre imóveis junto às fronteiras ou junto a instalações militares.

Ordem Pública

Há marcante diferença entre a ordem pública nacional e a internacional, mesmo porque esta última sofre um conceito controvertido. A ordem pública internacional compõe-se de princípios gerais que, não sendo observados, afetam a paz social, o ordenamento jurídico e a consciência nacional. É a aplicação dos verdadeiros princípios da ética e de uma sadia estruturação do Estado, inarredáveis para a sobrevivência do mesmo.

Esses princípios básicos devem ser de tal forma necessários, que impedem a aplicação do Direito estrangeiro, ainda que haja regras de Direito Internacional Privado para a solução de um conflito de leis. A inobservância dos princípios de ordem pública fere as tradições, os sentimentos e a consciência de um povo.

Bons Costumes

O Direito brasileiro não define nem esclarece o que sejam soberania nacional, ordem pública e bons costumes. Para muitos, não há diferença entre eles. Eles são móveis e momentâneos, mas o critério dos bons costumes é o comportamento costumeiro de um povo, dentro de elevados padrões éticos e de sadia convivência social.

Fraude à Lei

É a prática de atos legítimos em sua forma, mas a intenção do agente é obter um resultado odioso e legalmente condenável. É preciso, pois, examinar as conseqüências dos atos jurídicos, se elas provocaram prejuízos a inocentes e lucros a espertalhões.
Vamos citar um exemplo. A lei proíbe que um pai faça doação de um imóvel a um filho, preterindo outros. Entretanto, o pai vende um imóvel a uma interposta pessoa; tempos depois, a interposta pessoa vende esse imóvel ao filho do primeiro vendedor. Os atos podem ser válidos, com a venda realizada por instrumento público e recibos em ordem. Porém, como efeitos desses atos, diversas pessoas foram lesadas e uma foi beneficiada indevidamente.
Antes da promulgação da lei do divórcio, eram comuns casamentos na Bolívia, Uruguai e outros países, divorciando-se de acordo com a lei desses países e tentando validar seus atos no Brasil. A lei estrangeira serve então de capa para que alguém mal-intencionado obtenha fins que a lei nacional condene.
Fato muito comum ocorre com empresas multinacionais, que são compradas e vendidas, transferindo-se os débitos a grupos insolventes. Já foram observadas diversas publicações nos jornais a este respeito.

Instituição Desconhecida

É a aplicação, no Brasil, de uma instituição não prevista no nosso Direito, o que viria a instituir uma prática estranha. É o caso de um cidadão oriundo de um país árabe requerendo a homologação de dois casamentos que tenha feito em seu país. Se o Brasil reconhecer ambos os atos, estará aplicando o instituto da poligamia, que nosso país não reconhece. Outro caso é o noivado, que na Itália e na França podem produzir efeitos jurídicos, mas no Brasil é apenas instituição social.

Interesse Nacional Lesado

É um princípio de aplicação muito precária, pois adota discriminação contra estrangeiros, ferindo outro princípio tradicional, de que todos são iguais perante a lei. Esta exceção à aplicação do Direito estrangeiro vem em proteção ao interesse nacional, quando se conflitar com o interesse alienígena. É o que se vê no art. 10, § 1°, da LICC.

5. A *TRADING COMPANY* NO COMÉRCIO INTERNACIONAL

5.1 Regulamentação da *trading company*
5.2 Origem das *trading companies*
5.3 Utilidades e vantagens
5.4 Entrepostagem

5.1 Regulamentação da *trading company*

O termo *trading company* designa uma empresa organizada de acordo com a legislação brasileira, a fim de se dedicar às operações econômicas internacionais, principalmente na comercialização de produtos. Como nossa legislação não faz uso de nomes estrangeiros, denominou esse tipo de empresa de "companhia comercial exportadora".

A denominação legal é inadequada, pois, embora seja uma empresa marcantemente comercial, a lei não impede que se dedique à indústria. Apesar de ser o objeto social mais direto a exportação, dedica-se também à importação, bem como a outras atividades, como promoções, obtenção de linhas de crédito, representação comercial em outros países e outros tipos de atividades.

Compreende-se, contudo, a designação, porquanto cada palavra sugere uma ideia relevante. A palavra "empresa" representa uma inovação quando o Direito Comercial passa a gravitar na órbita da teoria da empresa e não na figura do comerciante ou do ato de comércio. A expressão "comercial" ressalta seu principal caráter, de dedicar-se com preferência ao comércio internacional, servindo de intermediária entre as fontes fornecedoras e os consumidores localizados fora do país. A expressão "exportadora" realça o interesse do país em exportar os produtos de sua lavra, visando a manter o equilíbrio de sua balança comercial.

As *trading companies* brasileiras são amparadas e regulamentadas por extensa e complexa legislação. Começou com o

Decreto-lei nº 1.248, de 29.11.1972, regulamentado pelo Decreto nº 71.866, de 26.2.1973, dispondo sobre tratamento tributário das operações de compra e venda de mercadorias no mercado nacional para fim específico de exportação, realizadas por empresas comerciais exportadoras.

Engloba-se ainda nessa legislação o Decreto nº 1.455, de 7.4.1976, que instituiu o regime de entreposto aduaneiro na exportação, regulamentado pelo Decreto nº 78.450, de 22.9.1976. Outras normas foram também estabelecendo algumas disposições, complementando a regulamentação. O Decreto-lei nº 1.894, de 16.11.1981, instituiu incentivos fiscais para as *trading companies*, abolindo o IPI para suas vendas ao exterior.

Diversas normas adicionam-se à legislação ordinária, emanadas diretamente de órgãos ligados ao comércio exterior do Brasil, tais como a Portaria nº 130, de 14.6.1973, do Ministério da Fazenda. O Comunicado nº 1 da CACEX (hoje DECEX), de 8.1.1982, previu o registro especial da *trading company* naquele órgão, e o Comunicado nº 78, de 20.3.1983, regulamentou as operações de *drawback* pelas *trading companies*. A Instrução Normativa SRF nº 29, da Secretaria da Receita Federal, de 19.6.1973, baixou normas sobre o documentário fiscal e outras exigências para as operações das *trading companies*.

5.2 Origem das *trading companies*

O Japão foi o criador das modernas *trading companies*. Tendo conseguido industrializar-se de forma rápida e segura, elaborado adiantada tecnologia industrial e atingido o mais alto estágio de produtividade, os japoneses começaram a sentir seu fracasso no campo mercadológico. É sabido que o japonês é fechado, fala pouco e não é muito afeito ao diálogo e às conversações, evitando situações tumultuadas. Não é um tipo de pessoa facilmente adaptável a lançar-se num agressivo plano de vendas no mercado internacional.

Sentiu, assim, o país, a imperiosa necessidade de separar as atividades industriais das comerciais (*trade*). Ficou então a indústria encarregada de aprimorar a tecnologia de fabricação, produzindo em grande quantidade e a baixo preço. Para as atividades de vendas desses produtos no mercado internacional, houve necessidade de se criar organizações independentes e especializadas, sem a influência dos sisudos técnicos industriais. Surgiram, destarte, as *trading companies*, lançadas exclusivamente às atividades comerciais com os outros países.

Procuraram elas adaptar-se à legislação dos países estrangeiros, ao Direito Internacional e à mercadologia internacional. Espalharam filiais e agências em muitos países e se associaram com congêneres estrangeiros. Nunca se desenvolveu tanto o Direito Internacional japonês e a legislação interna para o comércio exterior. O sucesso dessas *trading* inspirou a criação de empresas semelhantes em muitos países, como foi o caso do Brasil.

5.3 Utilidades e vantagens

Inúmeras foram as utilidades e vantagens das *trading companies* no relacionamento econômico entre os variados países: permitiram aos industriais que se dedicassem à produção industrial e facultaram a eles os canais de distribuição de seus produtos num mercado de consumo bem superior aos limites de um só país; facultaram às pequenas e médias empresas industriais a possibilidade de colocar seus produtos no mercado internacional. Para as grandes indústrias, dispensa a criação e manutenção de um custoso departamento de comércio internacional.

A legislação brasileira concede à *trading company* uma série de vantagens legais, fiscais e creditícias. A principal é a isenção do IPI e do ICMS e boa parte do IR. Tem ainda acesso a financiamentos de ordem geral e financiamentos específicos.

Há, porém, o reverso da medalha. Para auferir tantas vantagens, a *trading company* está sujeita a certas formalidades, como o registro no DECEX e na Secretaria da Receita Federal como empresa comercial exportadora e organizar-se nos moldes da legislação específica. Deve revestir-se na forma da sociedade anônima e ficar sujeita, portanto, a todas as exigências da Lei das

Sociedades Anônimas. Exige-se dela ainda outros requisitos, já que vai se dedicar a atividades delicadas e importantes, obtendo favores fiscais e creditícios. Terá que subscrever um capital mínimo, atualmente de 114.000 OTNs, devendo um terço do capital ser constituído de ações ordinárias nominativas e só essas ações terão direito a voto. Podem emitir ações preferenciais, ao portador ou nominativas, mas sem direito a voto, nem ultrapassando dois terços do capital. Para ter acesso às linhas de crédito específico, pelo menos 75% do capital deve ser brasileiro.

Qualquer alteração no estatuto de uma *trading company* só poderá ser feita com aprovação do DECEX (Departamento de Comércio Exterior do Banco do Brasil) e da Secretaria da Receita Federal. Essa aprovação se justifica, tendo-se em vista que uma *trading company* deve ser registrada nesses dois órgãos e poderia ter sua estrutura modificada após o registro, possibilitando fraudes, como passar para o controle estrangeiro. Será obrigatória ainda a manutenção de ficha cadastral no Banco do Brasil, sempre atualizada.

Pelo exame das normas reguladoras da *trading company* nota-se que são muitas as suas atribuições e não apenas exportação, embora seja esta sua finalidade principal. A lei não proíbe que a *trading company* atue no mercado interno, comprando mercadorias brasileiras e vendendo-as aqui mesmo; não poderá, porém, fazer do mercado interno sua principal preocupação. Serão estas as suas atribuições:

1. dedicar-se à exportação, ou seja, adquirir produtos no mercado interno, para o fim específico de sua revenda no mercado internacional;
2. manter entrepostos aduaneiros, para estocar mercadorias destinadas à exportação, não sendo obrigatória a propriedade de armazéns, que poderão ser arrendados;
3. importar mercadorias do exterior para distribuição no mercado nacional, embora não desfrute de vantagem legal nessas operações;
4. realizar operações de *drawback*, isto é, importar matérias-primas, peças ou demais produtos que sirvam de insumos para a produção de mercadorias exportáveis;
5. fazer promoções e publicidade para a divulgação de produtos

brasileiros no mercado internacional, ou vice-versa, utilizando-se dos seus escritórios e representantes nos vários países;
6. obter linhas de crédito no mercado internacional, para a venda de produtos brasileiros no exterior, ou mesmo para a importação de produtos estrangeiros;
7. fazer a intermediação entre empresas nacionais e estrangeiras;
8. realizar pesquisas no mercado exterior e no mercado interno para os exportadores brasileiros.

Por esta gama de atribuições, nota-se que a exportação não é a única utilidade das *trading companies* às empresas comerciais brasileiras. Servem, às vezes, como representantes comerciais e assumem posição comparada à das empresas atacadistas, mas operando no plano internacional. Dada a complexidade das operações internacionais, bem amplas são as oportunidades para uma *trading company* estabelecer contratos internacionais de vários tipos: crédito documentário, empréstimos, agência ou representação comercial, cartas de crédito, obtenção ou transferência de documentos internacionais, seguros internacionais e vários outros.

5.4 Entrepostagem

Aspecto importante no funcionamento de uma *trading company* é o que tange ao regime de entreposto aduaneiro na importação e na exportação, regulamentado pelo Decreto-lei nº 1.455/76 e Decreto nº 78.450/76. A participação do "regime aduaneiro extraordinário de exportação" é prevista no art. 1º do Decreto-lei nº 1.248/72:

> "As operações decorrentes de compra de mercadorias no mercado interno, quando realizadas por empresa comercial exportadora, para o fim específico de exportação, terão o tratamento tributário previsto neste decreto-lei.
>
> Parágrafo único. Consideram-se destinadas ao fim específicos de exportação as mercadorias que

forem diretamente remetidas do estabelecimento do produtor-vendedor para:

a) embarque de exportações por conta e ordem da empresa comercial;

b) depósito em entreposto, por conta e ordem da empresa comercial exportadora, sob regime aduaneiro extraordinário de exportação, nas condições estabelecidas em regulamento".

Vê-se, então, que nosso Direito prodigaliza as atividades de exportação para as *trading companies*, mas cria também o "regime de entreposto aduaneiro extraordinário de exportação", como atividade primordial da *trading company*, incentivada pelo Poder Público, constituindo, assim, mais uma vantagem da empresa comercial exportadora. Esta questão incorpora-se à própria estrutura da *trading company*; é fator de sua eficiência.

Entreposto é o local em que as mercadorias destinadas à exportação se acham depositadas sob a inspeção das autoridades fiscais. Podem ser os Armazéns Gerais, depósitos de guarda de mercadorias, quer junto aos portos ou fora deles; quando se tratar de carne ou matérias perecíveis, são utilizados armazéns frigoríficos; se forem animais, ficam em currais. Os cereais são normalmente depositados nos silos ou graneleiros.

Está previsto no art. 10 do Decreto-lei nº 1.455/76 e art. 1º do Decreto nº 78.450/76:

> "O regime de entreposto aduaneiro na exportação e o que permite o depósito da mercadoria em local determinado, sob controle fiscal, compreendendo o regime de entreposto aduaneiro extraordinário de exportação.
>
> § 1º O regime de entreposto aduaneiro de exportação é o que confere o direito de depósito da mercadoria, com suspensão do pagamento de tributos.
>
> § 2º Considera-se regime de entreposto aduaneiro extraordinário de exportação aquele que permite o depósito da mercadoria com direito à utilização dos

benefícios fiscais, instruídos em lei, para incentivo à exportação, antes do seu efetivo embarque para o exterior.

§ 3º O regime referido no parágrafo anterior só poderá ser concedido a empresas exportadoras constituídas na forma prevista pelo Decreto-lei nº 1.248/72".

A principal característica desse regime, concedido com exclusividade à *trading company*, é a isenção de impostos. O fornecedor de produtos à *trading company*, ao enviar as mercadorias ao entreposto, isenta-se de pagamento de impostos, anotando a isenção na Nota Fiscal.

O entreposto aduaneiro pode ser público e privado; é público quando se destinar a prestar serviços a terceiros e será de uso privado se for usado exclusivamente pelo beneficiário, neste caso a *trading company*.

6. CRÉDITO DOCUMENTÁRIO

6.1 Conceito e partes contratantes
6.2 A Carta de Crédito
6.3 Documentário
6.4 Regulamentação
6.5 Utilidade do crédito documentário
6.6 Modalidades de crédito documentário

6.1 Conceito e partes contratantes

O nome desse contrato internacional é, às vezes, chamado de "crédito documentado", mas a designação de acordo com sua regulamentação é mais apropriada como "crédito documentário", porquanto se baseia no documentário da venda de mercadorias e não nas próprias mercadorias.

O crédito documentário é um contrato de crédito tipicamente internacional. Apresenta muito analogia com o contrato de mútuo, de empréstimo de dinheiro. Esse empréstimo, contudo, tem um fim específico: financiar uma operação de venda internacional. Sucede-se, portanto, após o estabelecimento de um contrato de compra e venda internacional. Atualmente, vem encontrando outras aplicações.

O crédito documentário é um contrato pelo qual o comprador de uma mercadoria pede ao seu banco um crédito, com ordem para que esse crédito seja pago ao vendedor da mercadoria, localizado em outro país, desde que o vendedor entregue ao banco, que lhe pagar, o documentário da mercadoria exportada. Há, portanto, no crédito documentário quatro partes, quatro pessoas envolvidas:
1. Tomador — que é o comprador no contrato de compra e venda;
2. Beneficiário — que é o vendedor-exportador;
3. Banco emissor — que é um banco situado no país do tomador;
4. Banco avisador — que é um banco situado no país do beneficiário.

A operação de um crédito documentário apresenta um longo roteiro, parecendo ser complicado, mas é bem claro e simples; desde que combinada a venda de uma mercadoria brasileira para outro país, digamos o Uruguai, os passos são mais ou menos os seguintes:

1º — O Comprador-importador solicita ao seu banco, no seu país, que lhe conceda um crédito documentário, pedindo que o dinheiro seja entregue ao vendedor-exportador no Brasil. O solicitante do crédito documentário é chamado de tomador.

2º — O banco uruguaio emite uma Carta de Crédito para o Brasil, dando ordem de pagamento a um banco brasileiro, a fim de ser feito o pagamento ao vendedor-exportador, contra a entrega do documentário. O banco uruguaio é chamado de banco emissor.

3º — O banco brasileiro recebe a Carta de Crédito e avisa o vendedor-exportador de que o dinheiro está à disposição deste, desde que entregue os documentos indicados na Carta de Crédito. O banco brasileiro é chamado de banco avisador.

4º — O vendedor-exportador recebe, então, do banco avisador, o pagamento do preço da venda que realizou, fazendo, então, a entrega dos documentos representativos dessa venda. O vendedor-exportador é chamado de beneficiário ou favorecido por ser ele quem receberá o dinheiro.

Está assim cumprida a Carta de Crédito, que é uma ordem de pagamento contra a entrega de documentos. Esse documentário terá que chegar às mãos do tomador, seguindo o mesmo roteiro, porém em sentido inverso:

1º — O beneficiário entrega o documentário ao banco avisador no momento em que recebe o crédito;

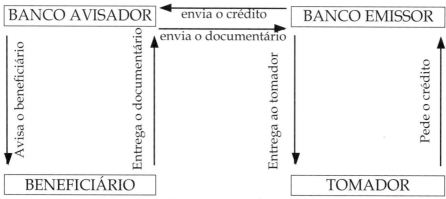

O roteiro segue o gráfico acima

2º — O banco avisador envia os documentos ao banco emissor, no Uruguai;

3º — O banco emissor entrega o documentário ao tomador.

6.2 A Carta de Crédito

A Carta de Crédito é uma operação inerente e concomitante com o crédito documentário. É uma ordem de pagamento internacional, contra a entrega de certos documentos. A Carta de Crédito é normalmente feita por bancos, mas não obrigatoriamente. Pode ser uma instituição financeira, uma casa de câmbio, uma agência de turismo.

Na Carta de Crédito estão relacionados os documentos a serem entregues quando ela for cumprida. Quem pagar deve examinar o documentário e certificar-se de que está de acordo com que diz a Carta de Crédito.

Perante o Direito brasileiro, a Carta de Crédito é um contrato. Nosso Código Comercial, ao tipificar os contratos mercantis, previu a Carta de Crédito no art. 264. No Direito Internacional Privado, a Carta de Crédito não é considerada um contrato, mas apenas uma ordem de pagamento, uma operação concomitante com o crédito documentário; não tem as características e os objetivos de um contrato. É chamada de *commercial letter of credit*, ou na expressão francesa *lettre de crédit*.

Assemelha-se mais a um título de crédito, por ser uma declaração unilateral de vontade. Não tem, contudo, várias características e os objetivos de um título de crédito, tanto que, se não for paga, não caberá o protesto cambiário. Nosso Código de Processo Civil não a elenca entre os títulos executivos extrajudiciais e nossas leis cambiárias não a regulamentam. Não se pode considerá-la, pois, um título de crédito.

6.3 Documentário

O nome desse contrato internacional ficou conhecido no mundo inteiro, com base na regulamentação que lhe deu a Publicação nº 400 da Câmara de Comércio Internacional: *documentary credit*. Justifica-se essa designação pelo fato de ser uma operação baseada nos documentos relativos a uma mercadoria e não na própria mercadoria.

Documentário é um conjunto de documentos. Em nosso caso, é um conjunto de documentos referentes a uma mercadoria vendida e despachada para outro país. É também chamado de documentação do comércio internacional. São documentos já bem vulgarizados e instituídos universalmente.

A Carta de Crédito relaciona quais os documentos que constituem o seu documentário. Há, porém, poucas variações e existem documentos obrigatórios. O objetivo do documentário é dar ao tomador do crédito documentário a faculdade de poder exigir, da alfândega de seu país, a entrega da mercadoria que ele comprou. Com esses documentos, pode ele exercer seus direitos de propriedade sobre as mercadorias exportadas para ele. São os seguintes os documentos de um crédito documentário:

GUIA DE EXPORTAÇÃO — É um documento intransferível, emitido pelo DECEX, em formulário padronizado, que confere ao exportador o direito de providenciar o embarque da mercadoria vendida ao exterior, obedecidos o preço, prazo e demais condições estabelecidas na guia. Os formulários podem ser adquiridos no DECEX ou em qualquer agência do Banco do Brasil, podendo ser feitos pelo exportador, desde que igual ao modelo oficial. Preenchido pelo exportador, é entregue ao banco com quem ficará o contrato de exportação e este a passará ao DECEX, que o assinará, expedindo a competente Guia de Exportação.

Este documento só tem validade enquanto o navio estiver em águas territoriais brasileiras. Ao sair do Brasil, passa a ter eficácia a fatura comercial (*commercial invoice*) e o conhecimento de transporte (*bill of lading*), substituindo a guia. Esta guia serve para o DECEX controlar todas as exportações e ao mesmo tempo atesta a legitimidade da operação.

COMMERCIAL INVOICE (fatura comercial) — É documento emitido ou fornecido pelo exportador que caracteriza a operação de venda da mercadoria. É parecida com a nota fiscal usual, contendo a assinatura do vendedor. Ao ser assinada pelo comprador, transforma-se num título de crédito internacional. Assim, no plano internacional, a fatura equivale à nossa duplicata. É escrita em inglês ou bilíngue.

A fatura contém os dados da Guia de Exportação, ou também da nota fiscal ou da fatura interna, tais como: a descrição e caracterização da mercadoria, cláusulas do contrato de compra e venda internacional (*incoterms*), qualificação do comprador e do vendedor, valor da venda e forma de pagamento, bem como a data e número do *bill of lading* e nome da transportadora.

BILL OF LADING (conhecimento de transporte) — É emitido pela empresa transportadora da mercadoria, comprovando a entrega desta para o embarque. Perante o Direito brasileiro e de muitos países, é considerado um título de crédito, tanto que é devidamente regulamentado pela nossa legislação cambiária. Se o transporte for aéreo, é chamado de *airway bill* e se for ferroviário, de *rail road bill*.

PACKING LIST (romaneio) — É a relação de todas as mercadorias embarcadas, referentes a uma compra e venda, apontando a forma da embalagem, como caixas, baús, engradados, *containers*, *paillets*, e suas características externas: peso, cor, dimensões, formas. Descreve também a mercadoria que se encontra em cada volume. A finalidade primordial do *packing list* é permitir o encontro e a identificação da mercadoria embarcada.

ORIGIN CERTIFICATE (certificado de origem) — Este certificado é normalmente emitido pela FIESP — Federação das Indústrias e se destina a comprovar a origem da mercadoria, ou seja, quem a fabricou, em que lugar foi fabricada. É um documento exigido também no âmbito nacional, pois o exportador goza normalmente de incentivos creditícios e fiscais para as mercadorias de fabricação nacional.

Muitas vezes é exigido pelo país importador, porquanto há controle nos países estrangeiros, em vista dos acordos comerciais assinados entre o Brasil e esses países. É o caso dos países membros da ALADI e do MERCOSUL, mas é preciso que as mercadorias sejam comprovadamente originadas do Brasil. Outro caso da exigência do certificado de origem é quando a mercadoria é vendida para países industrializados, mormente os que compõem a UE — União Européia; neste caso, o certificado de origem deve ser mantido pelo DECEX. Faculta ao vendedor brasileiro exportar, aproveitando o SGP — Sistemas Gerais de Preferências.

PHYTOSANITARY CERTIFICATE (Certificado fitossanitário) — É utilizado quando se tratar de produtos de origem animal ou vegetal, por força de exigências da maioria dos países. É emitido pelo Ministério da Agricultura, de acordo com o que foi estabelecido pela Convenção Internacional para a Proteção dos Vegetais, de 1951. Certificado semelhante é adotado para medicamentos, produtos químicos, essências; é chamado de Certificado de Análise. Pode ser emitido pelo próprio exportador, mas assinado por um técnico especializado, como um químico, um farmacêutico, que se responsabiliza pessoalmente.

6.4 Regulamentação

O crédito documentário foi criado pela praxe do comércio internacional e tornou-se costume muito vulgarizado. Como seu uso foi se alastrando, a Câmara de Comércio Internacional encarregou-se de elaborar a regulamentação do crédito documentário, para unificar seu processamento no mundo todo.

Assim é que surgiu a regulamentação por uma publicação da Câmara do Comércio Internacional, que foi várias vezes reformulada e aprovada em várias convenções internacionais. Atualmente, está regulamentada pela Publicação n° 400, denominada "Regras e Usos Uniformes relativos a Créditos Documentários" (*Uniform customs and practice for documentary credits*).

Não está regulamentado pela nossa lei. Está previsto pela legislação de alguns países, como o Código Civil da Itália e o Código Comercial do México. A Publicação n° 400 da Câmara de Comércio Internacional está, entretanto, muito difundida e a aplicação do crédito documentário tem sido frequente e pacífica no mundo inteiro e inclusive no Brasil.

Nos EUA, o crédito documentário é regulamentado pelo UCC — *Uniform Commercial Code*, publicado pela *American Bar Association*, entidade que congrega os advogados norte-americanos, correspondente à nossa OAB. Todavia, o UCC não foi instituído em lei nacional, razão por que não entrou na legislação americana.

Em nossa legislação, todavia, o que existe é a previsão da Carta de Crédito, no art. 264 do Código Comercial. O projeto do Código Civil, de 1975, em tramitação no Congresso Nacional, cataloga o crédito documentário entre os contratos bancários, nos arts. 882 e 883. Com o advento da Constituição de 1988, provavelmente o projeto do novo Código Civil não sairá tão cedo.

A Publicação nº 400 da Câmara de Comércio Internacional é uma regulamentação elaborada em 55 artigos, distribuídos em seis Títulos, a saber:

A — Disposições gerais e definições;
B — Forma e notificação do crédito;
C — Obrigações e responsabilidade;
D — Documentos;
E — Disposições diversas;
F — Transferência.

6.5 Utilidade do crédito documentário

O crédito documentário é, hoje, elemento propulsor das operações internacionais de compra e venda, graças às inúmeras utilidades que ele presta, e às vantagens que proporciona às partes interessadas, ou seja, ao tomador, ao banco emissor, ao banco avisador e ao beneficiário.

O contrato de compra e venda internacional é análogo ao de compra e venda nacional. É regulamentado pela Convenção de Viena, de 1980, promovida pela ONU. Seus elementos essenciais são aceitos pelo direito de quase todos os países: *RES, PRETIUM, CONSENSUS*. Todavia, a compra e venda internacional apresenta várias facetas próprias e maiores riscos e dificuldades, ocasionadas pela maior distância, dificuldade de comunicações, idiomas e moedas distintas, complexidade dos transportes, documentação variada, instabilidade política e econômica em qualquer país abrangido pela venda e muitos outros fatores. A compra e venda internacional vai ainda facultar o estabelecimento de outros contratos, como o de câmbio e o próprio crédito documentário.

Da mesma forma que as vendas nacionais, as internacionais trazem sérias preocupações às duas partes:

- **comprador** — quer receber a mercadoria nas condições estipuladas, a data certa e sem empecilhos, no preço combinado, com as especificações exigidas, em bom estado.
- **vendedor** — quer, antes de tudo, receber o preço do que vendeu, na data certa e sem empecilhos. Antes de despachar a mercadoria, receia que o comprador entre em insolvência, ou cancele o pedido.

O crédito documentário dá garantia às partes, garantia essa dada por dois bancos, que lhes dão ainda assessoria e providenciam a solução final do crédito.

O vendedor da mercadoria, ao receber o aviso do banco avisador, de que há um crédito à disposição dele, fica totalmente garantido e terá a comodidade de entregar os documentos só no ato do recebimento do crédito, ao banco que o paga. Cessam então as suas preocupações.

O comprador da mercadoria recebe um crédito para concretizar a compra e toda a burocracia do pagamento e da obtenção dos documentos lhe é atribuída. Fica ainda seguro quanto ao recebimento do preço, não terá receio em providenciar o envio da mercadoria em tempo mais breve. Fica ainda seguro quanto ao recebimento do documentário, pois conta com a responsabilidade de dois bancos.

Os dois bancos envolvidos realizam uma operação de crédito lastreada por mercadoria e papéis que a representam. Além disso, cada banco trabalha com seu cliente: o banco emissor com o tomador e o banco avisador com o beneficiário. Não lidam, portanto, com empresas desconhecidas, mas com clientes seus, devidamente cadastrados.

Ambos os bancos ficam ainda livres de responsabilidades quanto a possíveis conflitos entre o vendedor-exportador e o comprador-importador, decorrentes do contrato de compra e venda. O crédito documentário é um contrato autônomo, abstrato, distinto, portanto, do contrato de compra e venda; as partes são outras, diversos são os objetivos e efeitos. Não há correlação nem conexão entre um e outro.

Verdade é que o crédito documentário decorre de um anterior contrato de compra e venda. Após aperfeiçoar-se o contrato de compra e venda, as partes combinam a fórmula de pagamento, pelo crédito documentário. Trata-se, porém, de um novo contrato, com novas obrigações e direitos, totalmente autônomo do contrato que lhe serviu de base. Nem mesmo se pode dizer que um seja principal e o outro acessório, pois nenhum vínculo existe entre eles.

Aliás, as Regras e Usos Uniformes relativos a Créditos Documentários (Publicação n° 400 da Câmara de Comércio Internacional reconhece essa autonomia no art. 3°):

> "Os créditos são, por sua natureza, transações distintas das vendas ou outros contratos que lhes possam ter servido de base, e, de modo algum, tais contratos envolvem ou obrigam os bancos, mesmo que alguma referência a tais contratos esteja incluída no crédito".

Mais adiante, o art. 6° reforça a separação entre as obrigações decorrentes de ambos os contratos:

> "O beneficiário não pode, em hipótese alguma, prevalecer-se das relações contratuais existentes entre os bancos ou entre o tomador do crédito e o banco avisador".

6.6 Modalidades de crédito documentário

Nota-se que na Publicação n° 400 da Câmara de Comércio Internacional é utilizada no plural a expressão "créditos documentários", dando a impressão de que há vários tipos. O crédito documentário é, realmente, um tanto maleável, o que ocorrerá fatalmente com um contrato que se destina à larga aplicação em um volumoso número de países. Há, portanto, várias modalidades de crédito documentário, que se diferenciam levemente, mas mantendo a mesma estrutura. A mais importante dessas distinções é prevista na Publicação nº 400, no Título B — "forma e notificação do crédito" — sob o ponto de vista do conteúdo obrigacional. Diz o art. 7º que o crédito documentário pode ser revogável e irrevogável.

O crédito documentário revogável pode ser emendado ou cancelado pelo banco emissor a qualquer momento e sem prévio aviso ao beneficiário. Fica, portanto, sujeito a cancelamento sem que o benecifiário tenha garantia quanto ao cumprimento do crédito documentário. Entretanto, se ele já estiver cumprido, ou seja, utilizado pelo beneficiário, este estará a salvo do cancelamento.

O crédito documentário irrevogável constitui um compromisso firme do banco emissor, desde que os documentos estipulados sejam apresentados e os termos e condições do crédito sejam cumpridos.

Outra modalidade importante do crédito documentário é quanto à eficácia do crédito: se ele é à vista ou sacado. Esta última é mais importante, pois faz rolar adiante a operação, criando novos direitos e obrigações, incrementado a circulação da moeda.

Ao receber o aviso do banco avisador de que o crédito está à sua disposição, o beneficiário poderá receber o dinheiro e entregar o documentário. Poderá, contudo, incluir no documentário uma letra de câmbio (DRAFT), que será aceita pelo banco avisador. Assim, o beneficiário poderá vender a mercadoria a prazo, cujo preço fica bem majorado, e, ao invés de receber o dinheiro, receberá a letra de câmbio aceita pelo banco. Esta letra de câmbio será facilmente descontável por qualquer banco, inclusive pelo próprio banco avisador ou pelo Banco do Brasil, ou comercializada no mercado financeiro internacional.

A grande vantagem do crédito documentário com o aceito da letra de câmbio é que o beneficiário poderá vender seus produtos a preços mais elevados, por ser a prazo, e descontar seus saques a juros módicos, beneficiando-se dos incentivos fiscais e creditícios que o governo brasileiro concede nas operações de comércio internacional.

7. CONTRATO DE CÂMBIO

7.1 Conceito e características
7.2 Natureza jurídica

7.1 Conceito e características

Câmbio é a operação pela qual se adquire a moeda de um país com a contraprestação de outra moeda. É a conversão de uma moeda em outra, para a remessa a outros países ou para utilização no próprio país em que a moeda estrangeira seja adquirida, ou para várias outras finalidades. Alguns juristas consideram o câmbio como uma troca: a troca de uma moeda por outra. Outros, porém, aproximam-no a uma compra e venda.

O contrato de câmbio é o instrumento pelo qual se formalizam as operações em moedas estrangeiras. Não é um contrato nominado, ou seja, regulamentado pelas nossas leis ordinárias, embora minuciosamente descrito pelas normas do Banco Central constantes de um manual denominado "Consolidação das Normas Cambiais". Vários juristas criticam essa omissão legislativa, desconhecendo um contrato de larga importância e deixando-o ao amparo do Banco Central.

Contudo, por função da analogia, ao contrato de câmbio aplicam-se as disposições do contrato de compra e venda. Os elementos desse contrato se notam no contrato de câmbio: *RES, PRETIUM, CONSENSUS*. A coisa é a moeda estrangeira, que fica colocada na posição de mercadoria vendida. O preço é a moeda nacional, que é dada como contraprestação do comprador da moeda estrangeira. O consenso é a convergência de vontades do comprador e do vendedor sobre a operação.

Possui as características normais do contrato de compra e venda, conforme são encontradas nas disposições de nossos Código Civil e Código Comercial. É contrato consensual, oneroso, mercantil, bilateral, comutativo, inominado e principal. A essas características adiciona-se uma outra de especial importância: é um contrato solene, formal.

FORMAL — É um contrato extremamente formal, rigidamente delineado na "Consolidação das Normas Cambiais", emitidas pelo Banco Central do Brasil. Só pode ser realizado em impresso específico, elaborado pelo Banco Central e normalmente adquirido desta autarquia, no DECEX (Departamento de Comércio Exterior do Banco do Brasil), ou nas agências do Banco do Brasil. Uma pessoa privada poderá mandar imprimir esse impresso, desde que seja exatamente de acordo com o modelo elaborado pelo Banco Central. O preenchimento do impresso é tão formalizado, que há um manual do Banco Central instruindo a elaboração do contrato.

CONSENSUAL — O contrato de câmbio, nos moldes do contrato de compra e venda, é consensual. Entre ambas as partes deve haver convergência de vontades, com a oferta de uma das partes e a aceitação pela outra, formalizando o contrato. Por ele, assumem as partes obrigações do vendedor em entregar a moeda estrangeira, e a do comprador em pagar o preço. Basta, pois, o consentimento das partes.

INOMINADO — É contrato inominado por não estar tipificado em nossa lei ordinária. Embora seja um contrato bem antigo, conhecido pelos hebreus e chineses, e referido pelo Direito romano, vulgarizado na Idade Média e principalmente a partir do século XIV, nenhuma referência é feita a ele em nosso Código Comercial nem em nosso Código Civil.

DE PRESTAÇÕES RECÍPROCAS — Cria obrigações para ambas as partes e essas obrigações são recíprocas, isto é, do vendedor para o comprador e do comprador para o vendedor. É contrato do tipo *dout des*. É, outrossim, comutativo por haver equilíbrio entre essas obrigações, de tal forma que o benefício colhido por uma das partes equivale aproximadamente ao da outra.

EMPRESARIAL — É contrato de natureza mercantil ou comercial, modernamente chamado de empresarial ante a obrigatoriedade de ser formalizado por intermédio de uma instituição financeira. Às vezes o contrato de câmbio origina-se de uma operação de transferência de dinheiro entre duas pessoas físicas e privadas. Contudo, é uma operação autônoma da transação que lhe deu causa e é realizada com o concurso de um estabelecimento de crédito.

PRINCIPAL — É contrato principal, porquanto é autônomo de outros que com ele possam manter conexão. Às vezes, um contrato de câmbio origina-se da venda de mercadorias; apesar da conexão entre ambos, o câmbio não fica na dependência dos eventos referentes à compra e venda. Se houver outros contratos paralelos, o contrato de câmbio situa-se como o principal, sendo os demais acessórios.

Nos municípios onde houver Bolsa de Valores Mobiliários, as operações de câmbio devem ser realizadas com a interveniência de uma Sociedade Corretora. Todavia, como a maioria das sociedades corretoras integram os grupos bancários, normalmente ela não aparece, por atuar no âmbito interno do banco.

É dispensada a interveniência da sociedade corretora quando se tratar de operações simples, como mera operação de transferência entre bancos, se o valor for menor de US$ 1.000,00, compra direta de moedas ou de *traveller's check* (câmbio manual), ou se for parte do Poder Público.

O contrato de câmbio classifica-se em quatro espécies:
A — Câmbio manual;
B — Câmbio sacado;
C — Operações financeiras internacionais;
D — Operações comerciais internacionais (importação/exportação).

A — Câmbio manual é a compra de moeda na mão por moeda na mão, ou moeda presente por moeda presente; é operada à vista, sem crédito. É a simples compra de moeda estrangeira, com pagamento em reais à vista. Normalmente, não passam pelos bancos, por serem operações livres de controle. É passagem de moeda na mão do vendedor para a mão do comprador, donde o nome de câmbio manual. Considera-se ainda câmbio manual a operação com *traveller's check*, pois são papéis que representam dinheiro, por realizarem imediatamente o valor que representam. O *traveller's check* é também chamado de cheque de viagem, cheque de viajante ou cheque viajeiro. É cheque emitido por bancos, a pedido de quem pretende viajar para o exterior, donde a designação de "cheque de viajante". Normalmente é pago em reais, mas com o valor expresso na moeda do país para onde vai o viajante, ou em dólar. O favorecido do cheque assina-o no momento da emissão; na hora de receber o valor no país para onde se dirigiu, assina-o novamente, servindo a primeira assinatura de modelo.

B – *Câmbio sacado* ou câmbio trajetício, com muito maior alcance do que o câmbio manual, é a compra de moeda presente por moeda ausente. É uma operação realizada no tempo e no espaço, ou seja, a moeda estrangeira é transferida num país em determinado dia; o pagamento é feito em outro país numa ocasião futura.

É chamado de câmbio trajetício, em vista de o dinheiro fazer trajeto de um país para outro. O trajeto se faz graças a uma Letra de Câmbio que, no plano internacional, é chamada de saque (*Draft*), donde surge o nome de câmbio sacado.

C – *Operações financeiras* referem-se à transferência de dinheiro do Brasil para o exterior ou vice-versa. Realizam-se por intermédio de operações de câmbio sacado, pois o pagamento é realizado em tempo e espaços diferentes. Devem ser realizadas pela carteira de câmbio de bancos oficiais ou particulares.

São chamadas de Compras Financeiras quando se referirem a ingresso de divisas no Brasil e Vendas Financeiras se disserem respeito à transferências de divisas para o exterior. Essas transferências se realizam de diversas formas, como ordens de pagamento, cheques bancários ou cheques emitidos por particulares, cartas de crédito não-comerciais.

A transferência de dinheiro destina-se a várias finalidades, como pagamento de revistas e livros, cursos por correspondência, pagamento a pessoas em viagem ou a estudos, pagamento de pensões, donativos, turismo. Podem ser enviados por ordem de pagamento bancária, via telex ou por carta, ou então por cheques bancários, isto é, de emissão por bancos. É possível ainda enviar um cheque particular, mas o pagamento é difícil por ser feito pelo sistema de cobrança bancária. Essas transferências podem ser realizadas sem interferência do Banco Central, mas são de pequena monta, não podendo ultrapassar a US$ 300,00. Utiliza-se, para essa operação, o impresso Tipo 3 — Contrato de Câmbio (Transferência financeira para o exterior).

De maior importância, contudo, são as remessas financeiras para pagamento de *royalties*, juros, dividendos, retorno de capitais, amortizações de empréstimos no exterior, pagamento de transferência (cessão) de tecnologia ou qualquer outra operação financeira mais elevada, que implique na evasão de divisas do Brasil. Será necessária a aprovação do Banco Central e deverá ser formalizada pelo impresso Tipo 4 — Contrato de Câmbio (Transferência para o exterior).

Importante ainda é a operação financeira que representa entrada de capital estrangeiro no Brasil. São investimentos em moedas ou bens, empréstimos externos, operações 63. Deve ser formalizada pelo impresso Tipo 3 — Contrato de Câmbio (Transferência financeira do exterior). Todo investimento estrangeiro no Brasil deverá ser registrado no FIRCE — Fiscalização e Registro de Capitais Estrangeiros, órgão do Banco Central.

Pode ser também uma Carta de Crédito não comercial, operação parecida com *traveller's check*. É uma carta entregue a uma pessoa que viaja ao exterior, emitida por um banco, à ordem de outro banco situado no exterior, autorizando-o a um pagamento em favor do portador da carta.

D — Operações comerciais referem-se à exportação ou importação. Os contratos referentes à exportação se formalizam pelo impresso Tipo 1 — Contrato de Câmbio (Exportação) e o de importação pelo Tipo 2 — Contrato de Câmbio (Importação). Refletem atividades mais típicas do comércio internacional (*trade*), decorrentes de vendas ou trocas de bens e serviços, acessórios de transportes e seguros internacionais.

As normas administrativas que orientam a exportação foram estabelecidas pelo Comunicado nº 119, de 6.2.1985, da CACEX (hoje DECEX), e as que orientam a importação pelo Comunicado nº 133, de 20.6.1985.

Perante o Banco Central, os contratos de câmbio são classificados em doze modalidades, cada um com impresso próprio, sendo os principais:
Tipo 1 — Exportação;
Tipo 2 — Importação;
Tipo 3 — Transferências financeiras do exterior;
Tipo 4 — Transferências financeiras para o exterior.

7.2 Natureza jurídica

Embora o contrato de câmbio não seja regulamentado, há algumas referências a ele em leis esparsas, dando base para a avaliação de sua natureza jurídica. A Lei n° 4.595, de 31 de dezembro de 1964, a Lei da Reforma Bancária, no art. 19, inciso VI, diz que competirá ao Banco do Brasil, entre outras coisas, "realizar, por conta própria, operações de compra e venda de moedas estrangeiras". A Lei da Reforma Bancária interpreta, pois, o contrato de câmbio como se fosse de compra e venda de moeda estrangeira, como fazem doutrinariamente PONTES DE MIRANDA e vários outros juristas.

A mais importante disposição sobre o contrato de câmbio é, entretanto, estabelecida pela Lei n° 4.728, de 14.7.1965, que disciplinou o mercado de capitais. O art. 75 desta Lei diz que:

"O contrato de câmbio, desde que protestado por oficial competente para o protesto de títulos, constitui instrumento bastante para requerer a ação executiva".

O *caput* do art. 75 faz, pois, referência ao contrato de câmbio, o que o reconhece perante o Direito brasileiro, embora este não o regulamente. Atribui a ele caracteres cambiários, dando-lhe força executiva. Pode ser protestado, dar base a ação executiva e até mesmo requerer a falência do devedor inadimplente, caso seja este uma empresa mercantil.

A grande vantagem do contrato de câmbio é prevista no § 3° do referido artigo. Se o devedor impetrar concordata ou tiver sua falência decretada, o credor não precisará habilitar-se, mas requerer a devolução do valor adiantado. E como o adiantamento é feito em moeda estrangeira, não fica submetido o credor ao desgaste inflacionário.

CONTRATO DE CÂMBIO (EXPORTAÇÃO)

1 TIPO **01**

As partes

2 Privativo

Comprador da moeda estrangeira (nome e CGC do banco, cidade e sigla do estado)

3 Código do Comprador **4** Código da cidade **5** Código da moeda

Vendedor da moeda estrangeira (nome e endereço do exportador):

6 CGC do Vendedor

a seguir denominados, respectivamente, Comprador e Vendedor, contratam a presente operação de câmbio, nas condições aqui estipuladas:

7 N.º da operação no Comprador **8** Data

Valor em moeda estrangeira negociado (por extenso).

9 Valor em moeda estrangeira

10 Taxa Cambial
Cr$

Valor em moeda nacional a ser pago pelo Comprador ao Vendedor (por extenso).

11 Valor em moeda nacional
Cr$

12 Prêmio   % a.m.   **13** Adiantamento   %

Prazo para entrega dos documentos da exportação pelo Vendedor ao Comprador:
.... dias, a contar desta data.

14 Entrega docs. até   **15** Liquidação até

Prazo das cambiais ou dos documentos da exportação .... dias	Prazo para liquidação do câmbio .... dias, a contar desta data.
Forma de entrega da moeda estrangeira para liquidação do câmbio.	Modalidade da transação:

16 Código forma de entrega   **17** Código modalidade da transação

18 Código país dest. merc.   **19** Código país do pagador

Natureza da operação:

20 Código da mercadoria (NBM)

21 Guia de Exportação ou de Embarque N.º

ESPECIFICAÇÃO DO VALOR EM MOEDA ESTRANGEIRA DA EXPORTAÇÃO E CÓDIGO DA NATUREZA DA OPERAÇÃO

— Esclarecimentos sobre a exportação que origina o presente contrato —

Mercadoria:

22 FOB (Nat. op.   )

23 FRETE (Nat. op.   )

Praça de emissão da Guia:	País de destino da mercadoria:

24 SEGURO (Nat. op.   )

Pagador no exterior (nome, cidade, país e relação de vínculo):

COTA DE CONTRIBUIÇÃO

25 Cota por saca, peso ou percentual

— Outras especificações —

26 Base de incidência da cota

27 Valor da cota em moeda estrangeira

28 Com. ag. de agente em conta gráfica (valor em moeda estrangeira)

29 Data do embarque:

30 Cota de contribuição devida - M. Estr.

— Corretor interveniente no presente contrato de câmbio (nome e CGC) —

31 Com. agente devida cta. gráfica - M. Estr.

Código do corretor:	N.º do contrato no corretor	Corretagem: Cr$

LIQUIDAÇÃO DO CÂMBIO CONTRATADO

32 Data da liquidação

CLÁUSULAS CONTRATUAIS: Além das condições acima, o presente contrato está sujeito às cláusulas expressas no verso, de n.ºs 1 a 6

33 Valor em moeda estrangeira

34 Valor em moeda nacional
Cr$

.... (local e data)

VALOR EM MOEDA ESTRANGEIRA DA EXPORTAÇÃO REALIZADA E CÓDIGO DA NATUREZA DA OPERAÇÃO

Assinatura do Comprador	Assinatura do Vendedor

35 FOB (Nat. op.   )

36 FRETE (Nat. op.   )

Assinatura do Corretor	Para uso do Banco Central do Brasil

37 SEGURO (Nat. op.   )

CLÁUSULAS CONTRATUAIS:

1 - O presente contrato se subordina às normas, condições e exigências legais e regulamentares, aplicáveis à matéria.

2 - Os intervenientes no presente contrato de câmbio - Comprador, Vendedor e Corretor - declaram ter pleno conhecimento das normas cambiais vigentes, notadamente da Lei 4.131, de 3.9.62, e alterações subsequentes, em especial do Artigo 23 do citado diploma, "verbis":
"Art. 23 - As operações cambiais no mercado de taxa livre serão efetuadas através de estabelecimentos autorizados a operar em câmbio, com a intervenção de corretor oficial quando previsto em lei ou regulamento, respondendo ambos pela identidade do cliente, assim como pela correta classificação das informações por este prestadas, segundo normas fixadas pela Superintendência da Moeda e do Crédito § 1.º As operações que não se enquadrem claramente nos itens específicos do Código de Classificação adotado pela SUMOC, ou sejam classificáveis em rubricas residuais, como "Outros" e "Diversos", só poderão ser realizadas através do Banco do Brasil S.A. § 2.º Constitui infração imputável ao estabelecimento bancário, ao corretor e ao cliente, punível com multa equivalente ao triplo do valor da operação para cada um dos infratores, a declaração de falsa identidade no formulário que, em número de vias e segundo o modelo determinado pela Superintendência da Moeda e do Crédito, será exigido em cada operação, assinado pelo cliente e visado pelo estabelecimento bancário e pelo corretor que nela intervierem § 3.º Constitui infração, de responsabilidade exclusiva do cliente, punível com multa equivalente a 100% (cem por cento) do valor da operação, a declaração de informações falsas no formulário a que se refere o § 2.º § 4.º Constitui infração, imputável ao estabelecimento bancário e ao corretor que intervierem na operação, punível com multa equivalente de 5 (cinco) a 100% (cem por cento) do respectivo valor, para cada um dos infratores, a classificação incorreta, dentro das normas fixadas pelo Conselho da Superintendência da Moeda e do Crédito, das informações prestadas pelo cliente no formulário a que se refere o § 2.º deste artigo § 5.º Em caso de reincidência, poderá o Conselho da Superintendência da Moeda e do Crédito cassar a autorização para operar em câmbio aos estabelecimentos bancários que negligenciarem o cumprimento do disposto no presente artigo e propor à autoridade competente igual medida em relação aos corretores § 6.º O texto do presente artigo constará obrigatoriamente do formulário a que se refere o § 2.º"

3 - O Vendedor se obriga, de forma irrevogável e irretratável, a entregar ao Comprador os documentos referentes à exportação até a data estipulada para esse fim no presente contrato e, respeitada esta, no prazo de até dez dias úteis após a data do embarque da mercadoria, ainda que se trate de embarques parciais. No caso de a exportação estar sujeita a cota de contribuição, os documentos a serem entregues pelo Vendedor, representativos da exportação e destinados, inclusive, ao recebimento do preço da mercadoria exportada, compreenderão, além do valor do câmbio negociado, a parcela correspondente à cota de contribuição devida.

4 - O não cumprimento pelo Vendedor de sua obrigação de entrega, ao Comprador, dos documentos representativos da exportação no prazo estipulado para tal fim, na forma da cláusula 3 (três) anterior, acarretará, de pleno direito, o vencimento antecipado das obrigações decorrentes do presente contrato, independente de aviso ou notificação de qualquer espécie. O disposto nesta cláusula aplicar-se-á apenas ao valor correspondente aos documentos não entregues.

5 - No caso de a exportação que origina o presente contrato de câmbio estar sujeita a cota de contribuição, o Comprador se obriga, de forma irrevogável e irretratável, a efetuar o recolhimento do valor correspondente à cota, ao Banco Central do Brasil, de acordo com as disposições cambiais aplicáveis à matéria.

6 - Ocorrendo, em relação ao último dia previsto para tal fim, no presente contrato, antecipação na entrega dos documentos referidos na cláusula 3 (três), acima, o prazo para a liquidação do câmbio pertinente a tais documentos ficará automaticamente reduzido de tantos dias quantos forem os da mencionada antecipação e, em consequência, considerar-se-á correspondentemente alterada a data até a qual deverá ser liquidado o câmbio, tudo independente de aviso ou formalidade de qualquer espécie.

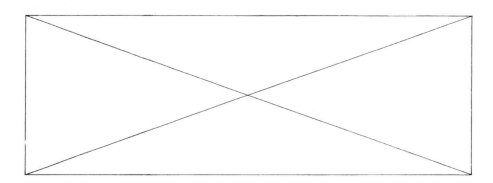

8. TRANSFERÊNCIA INTERNACIONAL DE TECNOLOGIA

8.1 A tecnologia internacional
8.2 *Know-how*
8.3 *Engineering*
8.4 *Clé en main* ou *turn key*
8.5 Licença de uso de marcas e patentes

8.1 A tecnologia internacional

Entre os contratos internacionais mais frequentes, os que se referem à transferência de tecnologia estão se realçando por uma série de motivos. É o que vem acontecendo com o *franchising*, o *know-how*, *engineering* e o *turn key*, chamado também de *clé en main*; igualmente o de licenciamento de uso de marcas e patentes. Às vezes, nota-se um contrato de um desses tipos mais comuns com alguns elementos de outros.

Não há uma definição precisa do que seria tecnologia, mas pode se fazer uma noção estável sobre o que enfocam o direito das empresas, a economia e outros pontos de vista que, no mundo moderno, vêm constituindo um bem cada vez mais valioso e se internacionaliza constantemente.

Entende-se como tecnologia todo o complexo de ideias criadas pelo saber humano, pelo gênio e criatividade do ser humano. Pode ser um processo de fabricação ou produção de bens de maneira econômica, a criação de um nome ou de um produto que tenha a possibilidade de aceitação pública de forma mais segura, a fórmula de um produto químico ou farmacêutico, um modo de trabalho que economize tempo ou mão-de-obra, uma cooperação técnica entre duas empresas, maneiras de manipular matérias-primas ou combinar ligas metálicas.

Juridicamente, a tecnologia é um bem; um bem imaterial, não-corpóreo, de natureza intelectual. O nosso Direito das Coisas enquadrado no seu âmbito de tutela, por considerar o bem intelectual como coisa, embora coisa seja um bem corpóreo. O enfoque do Direito das Coisas é feito, contudo, pelo ângulo do Direito de Propriedade. A tecnologia constitui um bem suscetível de apropriação pelo homem, isto é, propriedade de quem a criou ou a fez criar. O titular dos direitos de propriedade sobre esse bem poderá fazer valer esses direitos: *jus utendi, fruendi et abutendi*.

A produção intelectual, as ideias criadas pelo gênio humano tinham sido incluídas no Direito das Coisas, previstas nos arts. 649 a 673 do nosso Código Civil. Esses artigos (consideram-se revogados pela Lei n° 5.988 de 14.12.1973), que regulamentou os "Direitos Autorais". Na órbita civil, esses direitos autorais circunscrevem-se mais a propriedade sobre as obras artísticas, literárias e científicas.

Na órbita empresarial, os bens intelectuais são regulamentados pelo Código da Propriedade Industrial (Lei n° 5.772 de 21.12.1971) e pelas normas baixadas pelo órgão regulador desses direitos: o INPI — Instituto Nacional de Propriedade Industrial. O Código de Propriedade Industrial, também chamado de Lei de Patentes, enumera como bens tutelados por ele a invenção, o modelo de utilidade (ferramental), o modelo industrial (protótipo), o desenho industrial, as marcas de indústria, comércio e serviços, expressões ou sinais de propaganda, insígnia e título de estabelecimento.

A importância dos contratos de transferência de tecnologia se realça nos dias atuais, se analisarmos a movimentação financeira que eles provocam. O Banco Central não publica as operações financeiras de transferência de tecnologia, mas sabe-se que os valores da transferência de *royalties* para o exterior têm grande peso na formação da nossa dívida externa. A criação de tecnologia é uma das principais causas da ascensão de vários países no cenário mundial. Foi a criação e o desenvolvimento da tecnologia industrial que ensejou a Inglaterra promover a Revolução Industrial e impor-se como potência econômica o mesmo aconteceu com a França, a Holanda e os EUA, com as diversas ascensões da Alemanha. Modernamente, a tecnologia proporcionou ao Japão o reerguimento no período de após-guerra e sua consideração como potência industrial.

No plano internacional, o Direito de Propriedade Industrial é regulamentado pela Convenção de Paris, de 1883, portanto, há mais de um século. Em 1967, a Convenção de Estocolmo reformulou a Convenção de Paris, vigorando hoje como estatuto básico disciplinador do Direito da Propriedade Industrial no plano internacional. A Convenção de Estocolmo criou também o órgão de controle desses direitos, a WIPO — World Intellectual Property Organization. O Brasil participou dessa convenção que se transformou em lei nacional pelo Decreto nº 75.541, de 31.3.1975. A WIPO é, no plano internacional, o órgão analogamente correspondente ao nosso INPI.

8.2 *Know-how*

A expressão *know-how* foi criada há bastante tempo, abreviando a fórmula original: *Know-how to do it* (saber como fazer isto). Enquanto o *franchising* é utilizado no comércio, o *know-how* é utilizado principalmente na indústria. Pelo contrato de *know-how*, uma empresa detentora de técnicas, fórmulas de produtos ou de processos, arte de fabricação ou conhecimento confidencial de método de trabalho, concede a outra empresa o direito de utilizar esses conhecimentos, beneficiando-se da maior produtividade, mediante o pagamento de uma remuneração. O concedente do *know-how* é normalmente empresa de países mais desenvolvidos industrialmente, que elaboraram técnicas industriais mais produtivas.

O *know-how* não é uma invenção propriamente dita, um invento industrial e normalmente não é patenteável. É difícil patentear um método secreto de trabalho e para patenteá-lo cessa o segredo, que é importante característica do *know-how*. A invenção é a criação de um produto novo e o *know-how* não cria um novo produto, mas a forma de se fabricar um produto com maior produtividade. O *know-how* é um conhecimento e o mesmo conhecimento pode ser desenvolvido por diversas pessoas em diversos lugares. Da mesma forma, uma metodologia de fabricação pode ser suplantada por outra tecnologia. É o que aconteceu no Japão no mundo moderno; este país criou *know-how* aplicado na indústria, que tornou obsoleto o *know-how* que detinham empresas de outros países.

O *know-how* é um valor imaterial que se incorpora no patrimônio de uma empresa. Trata-se de um patrimônio intelectual, conhecimentos secretos capazes de criar ou melhorar um produto, tornando-o mais rentável. Por isso, é difícil de ser avaliado e registrado; não consta do balanço de uma empresa, entretanto, um patrimônio transferível e comercializável, ensejando o contrato de *know-how*. Este contrato é, pois, o instrumento pelo qual uma empresa pode melhorar a sua produtividade, recebendo de outra uma tecnologia nova de fabricação. Obriga-se a empresa receptora do *know-how* ao pagamento de uma remuneração, os *royalties*, visto ser o contrato de *know-how* mercantil, empresarial, oneroso e comutativo.

O transmitente do *know-how* assume a obrigação principal de transferir temporariamente seus conhecimentos técnicos a outrem. Dá uma concessão, uma licença temporária, para que o licenciado utilize a tecnologia e lhe proporcione um ganho. Há outras obrigações acessórias, como a de aprimorar o *know-how* licenciado, fornecer à empresa receptadora dele gráficos e relatórios, não fornecer o mesmo sistema tecnológico a competidores no mesmo país ou em zonas restritas. Em muitos casos, o fornecedor do *know-how* dá garantia de sua eficácia técnica e controle de qualidade.

A economia no mundo hodierno caracteriza-se por ser essencialmente tecnológica, em que a toda hora se inventam bens que possam satisfazer melhor as demandas do mercado consumidor. Não basta, contudo, inventar coisas; há necessidade de se inventar métodos e sistemas de produção dos bens. Mesmo para um produto já inventado e em produção é possível encontrar um método cientificamente esquematizado, visando a uma produção mais econômica dos bens, economizando matéria-prima, diminuindo a utilização de mão-de-obra e abreviando o tempo de produção. Desta maneira, obter-se-ão produtos mais baratos e de melhor qualidade, que suplantarão os da concorrência, a luta da produção em massa contra o artesanato.

Impõe-se a conexão entre os dois valores: a criação e a produção. A criação é fruto da ciência, do gênio humano: é a invenção. Inventar um produto é criá-lo, é dar-lhe as formas e outras características. A produção é a reprodução desse produto em larga escala, destinada a suprir as necessidades do mercado consumidor. Quando se fala em produção, refere-se à produção industrial, à produção em massa, com a adoção de métodos cientificamente executados, visando a atingir produtos de melhor qualidade e menor preço. É a conexão da sociedade tecnológica: criação-produção, a ciência com a administração. O objeto dessa conexão é a produtividade. Por outro lado, quando se fala em criação, em invenção, considera-se o invento industrial, a invenção de produtos destinados a suprir as necessidades humanas, com a devida remuneração.

Esta técnica de reprodução de bens destinados ao mercado consumidor, esta metodologia de trabalho executada como princípio de produtividade é que constitui o *know-how*. Ela é a arte do desempenho empresarial, fruto também da criação, mas principalmente da experiência. Sendo fruto da experiência adquirida, criando uma arte de fabricação, o *know-how* não tem o caráter de "novidade", característica básica do invento industrial, da invenção. Não tendo caráter de novidade, não pode ser patenteado, mesmo porque, se for patenteado, perderá seu caráter de "segredo de fábrica". Por isso, o objeto do *know-how* é a transferência de uma metodologia secreta, de um segredo relativo à produção industrial de bens.

O contrato de concessão do *know-how* era previsto no Brasil pelo Ato Normativo n° 15/75 do INPI, com o nome de Contrato de Fornecimento de Tecnologia Industrial. Achamos esse nome inadequado, pois o *know-how* é aplicado principalmente na indústria, mas não obrigatoriamente. Um banco, por exemplo, pode criar um *know-how*, uma metodologia própria de trabalho bancário e aplicá-lo na sua atividade operacional. O mesmo pode fazer uma empresa prestadora de serviços, um magazine, um hospital, um hotel. Todavia, o Ato Normativo n° 15/75 foi revogado e, em seu lugar, passou a vigorar a Resolução n° 22, de 27.2.1991, secundada pela Instrução Normativa n° 1, de 2.7.1991. A Resolução nº 22/91 do INPI, adotou para o *know-how* o nome de Contrato de Fornecimento de Tecnologia. Como é a legalmente adotada, faremos referência doravante a essa denominação. Embora o Ato Normativo 15/75 tenha sido revogado trouxe-nos considerável contribuição doutrinária.

Partes do Contrato

No conceito de *know-how* nota-se a existência de duas partes. Uma delas é a empresa dona dessa tecnologia; é a detentora desse direito de propriedade imaterial, que poderá fornecer a quem ela quiser. Nesse aspecto, pode ser chamada de proprietária. Como é ela quem fornece o *know-how*, também pode ser chamada de fornecedora, a parte ativa no contrato de transferência desse tipo de tecnologia.

Contudo, o contrato de fornecimento de tecnologia se dá de duas formas: pela cessão e pela licença. A cessão do *know-how* é a sua venda; com ela, a empresa fornecedora retira-se de cena, transferindo definitivamente à empresa cessionária seus direitos de propriedade imaterial. A licença, porém, é um aluguel do *know-how*, um arrendamento. É uma autorização dada pelo concedente a uma outra empresa, para que esta utilize o *know-how* durante determinado tempo, mediante o pagamento de uma remuneração chamada *royalty*. Tratando-se de cessão, as partes podem ser chamadas de cedente e cessionário; sendo licença, chamar-se-ão licenciadora e licenciada. Como, entretanto, a transferência do *know-how* implica na concessão temporária ou definitiva para a utilização da tecnologia, e o contrato se denomina de fornecimento de tecnologia, preferimos adotar as expressões fornecedora e fornecida.

A fornecida é a empresa que recebe essa tecnologia, para utilizá-la durante determinado tempo; é uma usuária do *know-how*. Aplica a tecnologia alheia na sua atividade empresarial e por essa aplicação assume a obrigação de remunerar o fornecedor, pagando o *royalty* ao proprietário dos direitos da propriedade imaterial.

Registro do Contrato

Como os demais tipos de contratos de transferência de tecnologia, o Contrato de Fornecimento de Tecnologia (ou *know-how*) deverá ser averbado no INPI e também no Banco do Brasil, sem o qual não poderão ser transferidos os *royalties* para o exterior. A averbação, ou seja, o registro do contrato no INPI e no Banco Central, deverá ser feito mediante procedimento especial, com determinados formulários padronizados. Não está ainda estabelecido o sistema de registro do *know-how* que permita a manutenção do segredo, pois esta característica é essencial a esse tipo de contrato. Outra característica do *know-how* é a de não ser amparado por direitos de propriedade industrial, e com o registro fica amoldada à nossa legislação tutelar; para essa tutela necessitará estar bem definido e esclarecido, deixando, portanto, de ser secreto e sujeito a divulgação.

Outro aspecto que poderá implicar em divulgação é que o *know-how* não consta pura e simplesmente de conhecimentos e de técnicas aplicados às atividades empresariais. Esses conhecimentos são expressos por dados técnicos de engenharia de processo ou dos produtos fabricados com a utilização de *know-how* fornecido. Há uma metodologia do desenvolvimento tecnológico usada para a obtenção de dados; esses dados estão muitas vezes representados pelo conjunto de fórmulas e de informações técnicas, de documentos, de desenhos e modelos industriais, de instruções sobre operações, de manuais de treinamento, cálculos, croquis e outros elementos parecidos, para permitir a fabricação de produtos. Até o preço do Contrato de Fornecimento de Tecnologia poderá implicar na divulgação dos conhecimentos secretos.

A Tutela Legal

O art. 1° da Resolução n° 22/91 diz que a averbação do Contrato de Fornecimento de Tecnologia deverá incentivar a inovação tecnológica. Assim sendo, deveria ser esse incentivo tutelado pelo Direito da Propriedade Industrial, principalmente pelo Código de Propriedade Industrial. Por outro lado, o art. 1.2. da Instrução Normativa n° 1/91 diz que o Contrato de Fornecimento de Tecnologia é o instrumento utilizado para a formalização da transferência de conhecimentos e de tecnologias não amparadas pelo Direito da Propriedade Industrial no Brasil. Portanto, o *know-how* carece de tutela legal. O mesmo artigo diz que o contrato de fornecimento de tecnologia deverá conter cláusulas que assegurem ao usuário a absorção da tecnologia fornecida, de forma a permitir sua capacitação tecnológica. De forma muito vaga, procura essa disposição proteger palidamente o adquirente da tecnologia contra possíveis desmandos do fornecedor. É bom volver ao fato de que os fornecedores de *know-how* normalmente são empresas estrangeiras e os usuários dele são empresas nacionais.

Cabe agora uma pergunta: que garantia terá o adquirente do *know-how* contra o furto dessa tecnologia fornecida, ou de ser vítima de divulgação indevida de seus conhecimentos secretos e que têm no segredo o principal fator de sua eficácia? É esse o ponto crítico, vago e volúvel do *know-how*. Todavia, o direito de vários países amoldou o *know-how* a um outro valor imaterial da empresa: o segredo de fábrica, uma vez que ele é um conjunto de conhecimentos secretos. Como o segredo de fábrica encontra guarida na lei brasileira e na de muitos países, a analogia faz assimilar um ao outro. Encontrou-se assim uma forma de proteção legal a essa propriedade imaterial.

O primeiro manto protetor legal do *know-how* foi apresentado pelo Direito francês graças ao art. 418 do Código Penal de 1810, capitulando como crime, e como tal sujeito a sanções, a indevida divulgação dos segredos de fábrica. Por sua vez, o Código Civil francês no art. 382, previu a atividade ilícita da concorrência desleal. Desde então, a legislação de muitos países, como a da Alemanha, capitula a concorrência desleal, incluindo nela a divulgação dos segredos de fábrica, quer na lei empresarial, quer na penal. O mesmo acontece no Brasil, provavelmente por influência francesa. Já estava prevista no antigo Código de Propriedade Industrial de 1945 tendo se conservado após o advento do novo e atual Código, transplantados os artigos específicos para o Código Penal, como o nome de "Crimes contra a Propriedade Imaterial".

É evidente a analogia e a aproximação entre as duas modalidades de propriedade imaterial: o *know-how* e o segredo de fábrica. Poder-se-ia dizer que o segredo de fábrica é o gênero e o *know-how* a espécie. Há, pois, seguros fundamentos em aplicar-se as normas legais de um ao outro. O antigo Código da Propriedade Industrial, Lei n° 7.903/45, conservou em vigor o título que se referia aos crimes contra a propriedade imaterial, e no art. 178 enumera doze tipos de crime de concorrência desleal. Pelo inciso XI, comete crime de concorrência desleal quem divulga ou explora, sem autorização, quando a serviço de outrem, segredo de fábrica, que lhe foi confiado ou de que teve conhecimento em razão de serviço, mesmo depois de havê-lo deixado. Essa disposição dá a entender que esse crime só é praticado por empregado ou ex-empregado de uma empresa detentora de *know-how*.

Parece-nos, todavia, que os doze incisos do art. 178 formam uma enumeração exemplificativa e não taxativa. Não constitui um *numerus clausus* de concorrência desleal. Perguntamos então: não capitula em concorrência desleal quem se apropria de forma ilícita do *know-how* de um concorrente, utilizando-o em seu benefício e em detrimento do concorrente, locupletando-se graças ao trabalho alheio?

8.3 *Engineering*

Por esse contrato, uma empresa de assessoria técnica compromete-se a implantar em uma outra empresa um método de trabalho ou a aprimorar o método que esta já aplicava. É um sistema de prestação de serviços, em que o prestador do *engineering* dá garantia da eficiência de seu trabalho, assistência técnica e controle de qualidade.

É diferente do *know-how*; neste o concedente detém um processo de trabalho que fornece ao licenciado. No *engineering*, o beneficiário já possui um método de trabalho e o prestador de serviço de *engineering* estuda, corrige e aperfeiçoa esse método. O prestador do serviço não cria o método para si, mas cria diretamente para o beneficiário; a tecnologia já era deste e incorporada definitivamente ao patrimônio dele; é, portanto, tecnologia de utilização definitiva e não temporária como o *know-how*.

Às vezes, o *engineering* pode ser aplicado no próprio *know-how*. Uma empresa que detenha um *know-how* e pretenda aperfeiçoá-lo, contrata com uma empresa de *engineering* para que estude e aperfeiçoe o *know-how*. Assim sendo, a fornecedora da tecnologia não é a detentora dela. Ela pode atuar como mandatária da empresa titular dos conhecimentos objeto do contrato, transferindo e implantando a metodologia de uma empresa em outra.

Esse contrato tem sido chamado de "organização", "consultoria empresarial" ou "engenharia empresarial"; é também usado o termo "engenharia", tradução de *engineering*. Quando em vigor o Ato Normativo n° 415/75, esse contrato era categorizado como "contrato de serviços técnicos especializados" de forma diferente do *know-how*. A Resolução n° 22/91 adota a classificação de "prestação de serviços de assistência técnica e científica".

O contrato de *engineering* não é celebrado apenas com fins industriais, mas também administrativos, mercadológicos, controle de qualidade, processamento de dados, gerenciamento, planejamento financeiro e operacional, programação e elaboração de estudos e projetos, elaboração de planos diretores, estudos de previabilidade e de viabilidade técnico-econômica e financeira, instalação, montagem e colocação em funcionamento de máquinas, equipamentos e unidades industriais, e outras atividades empresariais que exijam uma organização cientificamente estabelecida.

O serviço de *engineering* não é desconhecido da lei brasileira. Pelos Decretos n°s 64.345/69 e 66/717/70, os órgãos públicos só poderão contratar serviços de *engineering* (a lei fala em consultoria e assistência técnica, não usando a expressão *engineering*) com empresas estrangeiras, se não houver empresa nacional capacitada a prestar esses serviços. Se contratar empresa estrangeira, o serviço deverá ser executado em convênio com empresa nacional. Uma empresa privada, porém, poderá contratar diretamente com empresa estrangeira.

8.4 *Clé en main* ou *turn key*

A expressão inglesa significa literalmente "vire a chave" e a francesa "chave na mão". Ambas, porém, dão a noção exata desse contrato bastante utilizado na transferência internacional de tecnologia.

É o contrato pelo qual uma empresa fornece equipamentos a outra, instalando o equipamento fornecido, testando-os e fazendo com que ele fique já produzindo, com a eficiência desejada. Não é apenas um contrato de compra e venda de maquinaria industrial, mas de uma maquinaria dinâmica, em correto funcionamento, gerando produtos com especificações técnicas esperadas.

É contrato que incorpora características de assistência técnica, compra e venda, prestação de serviços de montagem, de treinamento de pessoal, implicando sempre a transferência de tecnologia. Aproxima-se mais ao contrato de empreitada, regulamentado pelos arts. 237 a 1.247 de nosso Código Civil.

Contrato desse tipo, que se tornou famoso, foi o celebrado entre a indústria automobilística francesa RENAULT e a estatal rumena INDUSTRIALIMPORT, para o fornecimento de uma indústria de automóveis. A Renault, porém, não forneceu apenas o equipamento industrial completo; instalou-o, colocou-o em funcionamento, testou-o e o entregou em perfeitas condições para operar. Forneceu ainda os modelos dos carros a serem fabricados por aquele equipamento. Treinou o pessoal da Industrialimport até torná-lo apto a manejar o equipamento fornecido. O quadro de pessoal, sob a supervisão de técnicos franceses, montou o modelo industrial dos veículos (protótipo), a partir do qual partiram para a produção em série. Não foi, portanto, a simples venda de um equipamento industrial de uma fábrica completa, mas acompanhada da tecnologia industrial, do *know-how*, licença para uso de marcas e patentes, assistência técnica e outros direitos de propriedade intelectual.

Esse mesmo contrato foi além das características do *clé em main* e fez criar nova figura contratual: *produit en main*. Isto porque a Renault transferiu à Industrialimport também a tecnologia de comercialização dos negócios produzidos pela fábrica fornecida.

Transferiu estratégia de mercadologia, sistemas de nomeação de distribuidores e outras formas de fazer chegar os produtos às mãos dos consumidores. Chamou-se assim o novo tipo de contrato de *produit en main*.

Esta figura contratual não é estranha ao Brasil. Muitas empresas brasileiras foram aqui instaladas graças a esse sistema. Por outro lado, o Brasil é também exportador de tecnologia. Uma indústria brasileira, sediada no Estado de São Paulo, especializada em equipamentos para produção de açúcar e de álcool, certa vez, vendeu para uma empresa da Malásia uma usina produtora de açúcar e de álcool. Não foi, contudo, apenas a venda de um equipamento industrial. Técnicos brasileiros foram à Malásia, instalando esse equipamento vendido e fazendo-o funcionar. Só voltaram ao Brasil quando os malaios já podiam acionar a usina e fazê-la produzir sem a assessoria brasileira. Assimilaram, pois, a tecnologia de produção de açúcar e álcool, transferida pela empresa brasileira.

8.5 Licença de uso de marcas e patentes

Envolve mais questões de publicidade, pois não se aplica na transferência de conhecimentos, mas de nomes. Não é muito comum, pois geralmente na transferência de tecnologia se inclui autorização para utilizar o nome, como no caso do *franchising*. Ocorre, entretanto, a utilização pura e simples de um nome, tal como acontece com as marcas de roupas italianas e francesas. Ou então remédios com nome e fórmulas patenteados.

É um problema que vem agitando o comércio internacional, devido a que o uso de marcas e patentes vem ocorrendo sem estar lastreado por um contrato de transferência de tecnologia. Há poucos anos, houve um estremecimento nas relações entre o Brasil e a França, pelo fato de empresas brasileiras utilizarem nomes patenteados na França, como "Christian Dior", "Givanchy", "Pierre Cardin" e outros, indevidamente. Teve ampla repercussão o comércio de uma camisa com um jacaré, chamada "Lacoste", de marca registrada internacionalmente. O problema foi resolvido por acordo entre os dois países, com o compromisso de observação das convenções internacionais.

Para regular a aplicação das formas de produção intelectual, foram criados dois ramos do Direito, que hoje se realçam cada vez mais. O Direito do Autor para tutelar as criações do gênero humano, mais ligados ao campo das artes. A tendência desse direito foi mais para o Direito Civil, introduzindo-se no Brasil e sendo regulamentado principalmente pela Lei n° 5.988, de 14.12.1973. O controle da aplicação do Direito Autoral fica a cargo do Conselho Nacional de Direito do Autor.

No tocante ao uso de marcas e patentes para fins empresariais, aplica-se outra legislação, constituindo novo ramo do Direito, integrado no Direito Empresarial, que se convencionou chamar no Brasil, e em alguns outros países, de Direito da Propriedade Industrial. Outros países adotam a designação de Direito da Propriedade Intelectual, que nos parece mais adequada; é também a designação adotada internacionalmente. Todavia, adotaremos o nome que foi dado a esse ramo do Direito Empresarial pelo legislador brasileiro. O órgão regulador do Direito da Propriedade Industrial é o INPI — Instituto Nacional da Propriedade Industrial. A lei básica do Direito da Propriedade Industrial é o Código de Propriedade Industrial, a Lei n° 5.772, de 21.12.1975, também chamada de Lei de Patentes. A partir de 1992 aguram-se as discussões sobre essa lei ao ser apresentado pelo Governo, ao Congresso Nacional, projeto de nova Lei de Patentes, a fim de modificar substancialmente a atual, mormente no que toca ao uso de marcas e patentes.

A regulamentação interna da transferência internacional de tecnologia ficou regulamentada pelo INPI, com o Ato Normativo n° 15, de 11.9.1975. Essa norma, entretanto foi revogada e substituída pela sumária Resolução n° 22/91. Todavia, o Ato Normativo n° 15/75 é muito sugestivo sob o ponto de vista doutrinário e descreve diversos tipos de contratos e de tecnologias. Pelo Ato Normativo n° 15/75, todo contrato de transferência de tecnologia do exterior para o Brasil deve ser averbado no INPI, sem o que, inclusive, não poderão ser enviados *royalties*, da licença concedida. Esses contratos são classificados quanto ao seu objetivo e para fins de averbação no INPI, em cinco categorias:

a) de licença para exploração de patente;
b) de licença para uso de marca;
c) de fornecimento de tecnologia industrial;
d) de cooperação técnico-industrial; e de serviços técnicos especializados.

Há dois tipos de transferência de tecnologia: a CESSÃO é a transferência definitiva e o LICENCIAMENTO temporário, como se fosse o aluguel da tecnologia. A cessão é um tanto rara. O contrato é estabelecido entre duas partes. A parte que detiver a tecnologia e conceder licença para sua utilização é chamada de licenciador, fornecedor, cooperador ou prestador de serviços técnicos especializados. A parte que se aproveita da tecnologia é chamada de licenciado, favorecido ou beneficiado. Mesmo que as duas partes sejam domiciliadas no Brasil, a averbação do contrato no INPI é obrigatória.

A remuneração da tecnologia, ou seja, os *royalties* não é de livre estipulação entre as partes, para evitar evasão de divisas. É correlacionado com o montante da venda e com o lucro obtido do produto-objeto da licença. O INPI controla também o número de técnicos estrangeiros e a remuneração deles, e se o técnico é um dos sócios da empresa brasileira licenciada.

Esse contrato é chamado pelo revogado Ato Normativo n° 15/75 de Contrato de Licença para Exploração de Patente. Faz parte deste contrato também o Contrato de Licença para o Uso de Marca, pois a marca a ser transferida deverá ser protegida por patente. Destina-se, especificamente, a autorizar a exploração efetiva, por terceiro, de objeto de patente Regularmente depositada ou concedida no país, consubstanciando Direito de Propriedade Industrial. Para que haja licença, é preciso que a patente esteja previamente registrada e o privilégio tenha sido publicado. O contrato de licença é temporário; se for definitiva a transferência de uma patente, não será "licença", porém, "cessão" ou "compra". O prazo é de dez ou quinze anos.

Se o licenciador for sócio majoritário da empresa licenciada, o contrato deverá ser averbado no INPI, porém não poderá auferir *royalties* pelo uso que fizer sua associada no Brasil. Esse critério segue as convenções internacionais e o direito interno da maioria dos países. Assim, por exemplo, não seria justo que a Volkswagen do Brasil pagasse *royalties* para a Volkswagen da Alemanha pelo uso do símbolo VW.

O contrato deverá indicar se a licença para exploração de patente é exclusiva ou não exclusiva. As obrigações do licenciador incluem o fornecimento, com a licença, de todas as fórmulas, especificações, desenhos e demais dados técnicos da patente. Caso o licenciador brasileiro aperfeiçoe a patente, será titular dos direitos sobre esse aperfeiçoamento. O licenciador deverá também comunicar ao licenciado os aperfeiçoamentos que forem realizados no exterior. A licença deve ser, pois, ampla, para que o licenciado utilize livremente a patente; o contrato não pode conter cláusulas restritivas e/ou impeditivas para a exploração efetiva do objeto da patente.

Por isso, o licenciador não poderá embaraçar as atividades do licenciado, impondo limites à produção, venda, publicidade, comercialização ou exportação do produto licenciado; nem pode obrigar o licenciado a utilizar determinados insumos ou componentes, mesmo que sejam de procedência brasileira.

9. CONTRATO DE *FRANCHISING*

9.1 Natureza jurídica
9.2 Partes contratantes
9.3 Obrigações do franqueador
9.4 Obrigações do franqueado
9.5 Regulamentação nacional
9.6 Importância do *franchising*
9.7 Origem

9.1 Natureza jurídica

Entre os contratos de transferência de tecnologia, nenhuma conseguiu sucesso tão rápido, abrangente, profundo, como fez o de *franchising*. Realmente impressionante foi a vulgarização e importância que esse novo mecanismo de comercialização de produtos atingiu no mundo inteiro, ultrapassando as mais distantes fronteiras.

O contrato de *franchising* é o acordo pelo qual o detentor de direitos de propriedade industrial dá concessão a uma empresa para produzir e comercializar, diretamente ao público, determinados produtos de marca já consagrada e vulgarizada. Sob o ponto de vista empresarial, é um método adotado para a distribuição de produtos e/ou serviços, consistente na parceria entre uma empresa, em princípio mais experiente, e outras empresas, geralmente menos experientes, no qual a primeira transfere às últimas a experiência ou competência por ela desenvolvida, no que se refere à produção e distribuição de certos produtos.

Sob o ponto de vista jurídico, o *franchising* é geralmente um complexo de contratos, sendo um principal e outros acessórios ou dependentes. A incidência desse contrato é principalmente na área propriamente comercial, na distribuição de produtos, procurando fazê-los chegar mais diretamente e de forma bem rápida às mãos do consumidor. Aproxima-se ao contrato de distribuição e de representação ou agência. Enquadra-se, porém, amplamente, como contrato de transferência de tecnologia. Poderá ser facilmente compreendido se observarmos um exemplo bem frisante, como é o caso da rede de lanchonetes McDonald's.

Trata-se de um contrato bilateral, consensual, oneroso, empresarial, de execução continuada ou nacional, híbrido e complexo, comutativo, informal. Necessário se torna analisar cada uma das características do contrato. Nossa consideração de contrato, apesar de muitos conceitos e aplicações levantados por numerosos juristas, é o constante no art. 1.321 do Código Civil italiano, de que:

> "O contrato é o acordo de duas ou mais partes, para constituir, regular ou extinguir entre elas uma relação jurídica de natureza patrimonial".

Bilateralidade — A bilateralidade desse contrato se manifesta sob diversas formas a começar pela caracterização positiva das duas partes, FRANQUEADOR e FRANQUEADO, e pelas obrigações claras para o fanqueador e também para o franqueado, obrigações mútuas, em decorrência do consenso entre as partes. O não cumprimento de obrigações por uma delas poderá ensejar à outra o apelo ao princípio da *exceptio non adimpleti contractus*. Poderá ainda dar à outra o direito à rescisão do contrato.

Consensual — Aperfeiçoa-se o contrato pelo simples consentimento das partes. Faz nascer obrigações para as partes, antes mesmo do início das operações e independente do fornecimento de qualquer mercadoria. Assim, o *consensus* faz com que o franqueado já esteja obrigado a pagar taxas iniciais e adquire o direito de colocar à frente do seu estabelecimento a insígnia do franqueador.

Típico — Passou a ser um contrato típico (também chamado nominado) no direito nacional por ter sido recentemente regulamentado pela Lei nº 8.955, de 15 de dezembro de 1994. No plano internacional, pode ser considerado atípico ou inominado, porquanto não há convenção internacional que o regulamente.

De execução continuada — O *franchising* é um contrato marcantemente de duração. As prestações não se realizam em um só momento, mas de forma continuada e permanente; tanto as prestações como as contraprestações são contínuas e vão se repetindo no tempo e no espaço.

Internacional — Trata-se de contrato geralmente internacional, mas não essencialmente internacional. No Brasil, já está em desenvolvimento o sistema com empresas brasileiras, concedendo franquias a outras empresas nacionais. É o caso da cadeia de restaurantes denominada "Grupo Sérgio" e das empresas de cosméticos "O Boticário", "Água de Cheiro" e da "Botica Ao Veado de Ouro". Nos EUA, onde o moderno *franchising* nasceu e se desenvolveu, as empresas franqueadoras aplicaram o sistema primeiro no país e depois fora dele. Não deixa de ser marcantemente internacional, como se vê na maioria das empresas franqueadoras operando no Brasil. O tipo de operação presta-se muito a espalhar-se pelos países, pois a vulgarização e a propaganda ampla são fatores de seu sucesso.

Híbrido — É formado por elementos de variados contratos, como o de fornecimento, de concessão, de prestação de serviços e vários outros. Todavia, a aglutinação desses elementos torna o *franchising* um contrato peculiar. Outrossim, é geralmente um complexo de contratos, mormente no Brasil, em vista da nossa regulamentação dos contratos de transferência de tecnologia.

Empresarial — É estabelecido entre duas empresas. O franqueador é uma empresa coletiva, embora não seja vedado que seja empresa individual. Também o franqueado poderá ser uma empresa coletiva ou individual. Contudo, ainda que seja constituída de uma única pessoa, não deixa de ser empresa por sua atividade; seria então uma empresa individual. Sendo um contrato empresarial, é naturalmente oneroso, por trazer vantagens e sacrifícios patrimoniais para as duas partes. A onerosidade é aspecto que se ressalta na finalidade especulativa das atividades empresariais. O intento lucrativo está patente não só nas atividades das partes, mas na essência desse contrato de tipo mercantil.

Comutativo — Sendo empresarial e oneroso, implica a equivalência possível da utilidade obtida pelas partes. As partes conhecem antecipadamente seus direitos e obrigações e procuram conciliá-los, para conseguirem equivalência de valores. As operações não ficam submetidas à álea dos negócios e do tempo, mas são plenamente definidas, sem previsão de incertezas futuras.

Intuitu personae — Em alguns sentidos, pode-se dizer que seja um contrato de *intuitu personae*, pois que ambas as partes detêm exclusividade nos seus negócios. O franqueador detém uma tecnologia exclusiva, marcas registradas e outros elementos patenteados que lhe garantem exclusividade. Quase tudo que o franqueado faz ou adquire só pode ter uma fonte. O franqueado tem exclusividade de ação em seu território sem que o franqueador possa realizar transações com terceiros; só ele pode comercializar os produtos franqueados.

Por outro lado, o franqueado só pode manter contrato de franquia com o franqueador e adotar sua orientação. As obrigações de ambas as partes são intransferíveis. Essa intransferibilidade de direitos e obrigações é que faz do contrato de *franchising* um contrato *intuitu personae*.

Normalmente o franqueador elabora os contratos e os oferece aos interessados, não podendo haver privilégios contratuais, e as mesmas condições impostas a um franqueado devem ser estendidas a todos. Não se pode, porém, dizer que o franqueado aceita em bloco as condições contratuais. Abrem-se as discussões sobre alguns aspectos contratuais como a extensão do território, o tamanho das instalações, as formas de pagamento do preço. No plano internacional, não se pode dizer que seja um contrato de adesão, malgrado apresente com ele certa afinidade.

9.2 Partes contratantes

Como contrato bilateral, o *franchising* tem duas partes plenamente definidas e com vasta gama de direitos e obrigações, previstos no próprio contrato e na doutrina jurídica já elaborada. Essas partes são franqueador e franqueado.

O franqueador é o detentor dos direitos de exclusividade das marcas, produtos, sistema de produção e comercialização, expressões ou sinais de propaganda, e demais elementos de propriedade industrial. É também chamado de concedente, pois ele próprio não aciona esses direitos, mas os concede temporariamente a outras empresas para uso e aplicação.

Não se dedica a atividades operacionais, mas à pesquisa, ao desenvolvimento de produtos, à criatividade. Divulga de forma bem ampla suas marcas e a boa qualidade de seus produtos. Assim fazendo, valoriza o serviço que ofertará. O franqueador (*franchisor*) desenvolve toda uma tecnologia a ser usada por outrem.

O franqueado (*franchisee*) é uma empresa individual ou coletiva, a quem será feita a concessão para o uso de marcas, produtos e de toda tecnologia criada pelo franqueador. Ocupar-se-á das atividades operacionais, ou seja, da produção e colocação dos produtos nas mãos do consumidor. É também chamado de licenciado, por receber licença do franqueador para a utilização do nome, marcas e toda a tecnologia de comercialização; é o adquirente temporário dos direitos.

É conveniente citar que apenas contratos empresariais unem as duas partes. Não há relação de dependência, ou seja, o franqueado não pode ser empregado do franqueador. Devem ser duas empresas independentes, mas atuando como sócios de um empreendimento.

9.3 Obrigações do franqueador

Não é pequena a gama de obrigações do franqueador, embora não lhe caiba a atividade operacional. A principal obrigação é a de criar e aprimorar os produtos e sistema de produção e comercialização desses produtos. Dotado desse Direito de Propriedade Industrial, o franqueador fornece-os ao franqueado, não definitivamente, mas licencia a utilização deles. Embora não seja também chamado de cedente, não há cessão, pois esta seria definitiva; apenas concede ao franqueado a licença para comercializar os produtos franqueados.

Como segunda tarefa importante e complementação da primeira, precisa o franqueador prestar contínua assistência técnica aos franqueados. Controla a aplicação da tecnologia, com assessoria e auditoria constantes, controle de qualidade e acompanhamento geral das atividades dos franqueados.

As instalações técnicas dos franqueados são projetadas pelo franqueador, que elabora o projeto e o fornece, acompanhando a fabricação e instalação de acordo com os padrões que o próprio franqueador estabelece.

Outro encargo importante do franqueador, mormente pelos valores investidos, é o da publicidade, uma vez que produtos franqueados se caracterizam pela fama e pela vulgarização. Basta ver a maciça propaganda empreendida nos principais órgãos de comunicação, para sentir-se a pesada responsabilidade dos franqueadores, como a Coca-Cola, McDonald's, Shell, Ellus, Benetton e várias outras.

Concede e garante ao franqueado a exclusividade de atuação em um território determinado, que lhe proporcione movimento constante e viabilidade econômica. Garante ainda ao franqueado a manutenção de um preço uniforme para todos os produtos, evitando a concorrência entre eles, mas desenvolvendo a colaboração.

9.4 Obrigações do franqueado

Ao franqueado cabe uma gama bem maior de obrigações, que, por outro lado, alivia-o de muitas iniciativas, pesquisas, tomadas de preço, controle de estoque.

Fica restrito ao franqueado a comercialização apenas de produtos franqueados; não pode ele incluir produto novo ou estranho à franquia, de tal forma que fica obrigado a uniformizar seus itens de venda com os demais franqueados. Para essa uniformização, só pode adquirir a matéria-prima indicada pelo franqueador e utilizar os equipamentos constantes do projeto de instalação. Só poderá cobrar os preços previamente fixados pelo franqueador para todos os franqueados.

A principal obrigação do franqueado é a do pagamento de *royalties* pela utilização da franquia. A remuneração paga deve ser uniforme para todos os franqueados ligados a um franqueador. Todavia, não é uniforme para todo tipo de franquia: em alguns casos há uma taxa fixa mensal; noutros uma comissão sobre o movimento de vendas, noutros não há qualquer pagamento, pois a remuneração do franqueador está inserida no preço da matéria-prima fornecida por ele.

A formação e preparação do quadro pessoal do franqueado deve obedecer também a critérios específicos preestabelecidos. Os funcionários devem ser aprovados e preparados no centro de treinamento do franqueador, de tal forma que possam ter desempenho profissional com os padrões de produtividade orçados pelas pesquisas do franqueador. Na maioria dos casos, até o uniforme usado pelos funcionários do franqueado deve obedecer aos padrões desenhados pelo franqueador.

9.5 Regulamentação nacional

No final de 1994, o Brasil foi surpreendido com a promulgação da Lei nº 8.955, de 15.12.1994, dispondo sobre o contrato de franquia empresarial ou *franchising*. A Lei do *Franchising* apresenta algumas inovações: dá o nome de franquia empresarial a esse contrato, apontando assim a importante característica de ser um contrato essencialmente empresarial, mercantil. É firmado por duas empresas, ainda que possam ser duas pessoas individuais, mas a atividade delas é empresarial; será o que podemos chamar uma "empresa individual". Em consequência dessa mercantilidade, outras características surgem: a onerosidade do contrato releva-se pelo intento lucrativo de ambas as partes, tanto o franqueador como o franqueado; se buscam lucros, um ajuda o outro a lucrar, mas ambos assumem os riscos da atividade econômica, podendo ter prejuízos e serem levados à falência. Outra inovação da lei é a adoção do termo *franchising* e outros estrangeirismos, como *royalties*, *know-how* e *layout*, bem como a expressão latina *caput*. Há muitos anos, mormente após a promulgação do atual Código de Processo Civil, ficou vedado o uso de palavras de língua estrangeira em nossas leis, nem mesmo latinas. Entretanto, a Lei da Franquia Empresarial rompeu essa prática.

O art. 2º traz uma definição do contrato:

"Franquia empresarial é o sistema pelo qual um franqueador cede ao franqueado o direito de uso de marca ou patente, associado ao direito de distribuição exclusiva ou semiexclusiva de produtos ou serviços e, eventualmente, também ao direito de uso de tecnologia de implantação e administração de negócio ou sistema operacional desenvolvidos ou detidos pelo franqueador, mediante remuneração direta ou indireta, sem que, no entanto, fique caracterizado o vínculo empregatício".

Impõe-se fazer alguns comentários sobre essa definição, mesmo por ser ela extensa e complexa. A franquia empresarial é um sistema de trabalho, um modo de exercer determinada atividade empresarial, cujas bases examinaremos em seguida. As partes do contrato são as conhecidas no campo internacional: franqueador (*franchisor*) e franqueado (*franchisee*). O objeto do contrato é a transferência de tecnologia e outros direitos de propriedade intelectual, mormente de uso de marcas e patentes, direito de distribuição exclusiva ou semiexclusiva de produtos e serviços cujos direitos pertençam ao franqueador e são licenciados ao franqueado. O licenciamento inclui também o de uso de tecnologia criada e desenvolvida pelo franqueador, na implantação do sistema de trabalho e implantação de estabelecimento. A remuneração pode ser direta, como o pagamento de uma taxa única ou mensal, ou uma porcentagem no faturamento do franqueado. Poderá ser indireta, como no preço dos insumos diversos fornecidos pelo franqueador ou por empresas por ele indicadas; no preço que o franqueado pagar está embutido um sobrepreço que constitui a remuneração do franqueador. O conceito dado pela lei releva a inexistência de vínculo empregatício entre franqueador e franqueado; se o franqueado é uma empresa, não pode ser empregado, mesmo porque o franqueado tem seu quadro de funcionários.

Segundo se deduz do art. 3º, o contrato de franquia empresarial aproxima-se muito do contrato de adesão, uma vez que as cláusulas contratuais são estabelecidas pela parte mais forte, o franqueador; o franqueado as aceita em bloco ou as rejeita em bloco. O Poder Público procura refrear a predominância da parte mais forte nesse tipo de contrato, estabelecendo certas regras a serem observadas na imposição das cláusulas. Assim fez a Lei nº 8.955/94, a Lei da Franquia Empresarial, no seu mais longo e substancioso artigo, impondo ao franqueador amplas obrigações antes de acertar a avença com o franqueado. Sempre que o franqueador tiver interesse na implantação de sistema de franquia empresarial, deverá fornecer ao interessado em tornar-se franqueado uma Circular de Oferta de Franquia, por escrito e em linguagem clara e acessível. Não poderá, assim, seguir a prática dos "contratos mediante módulos e formulários", como é chamada essa modalidade pelo Direito italiano. Tais contratos, muito utilizados no Brasil, trazem uma infinidade de cláusulas, as mais polêmicas em letras bem miúdas, ficando difícil ao oblato sua compreensão.

A Circular de Oferta de Franquia, a que está obrigado o franqueador a fornecer ao franqueado, no prazo mínimo de dez dias antes da assinatura do contrato, deverá dar informações bem pormenorizadas sobre o sistema a ser implantado, sobre a completa qualificação do franqueador, sobre os investimentos a que se obrigará o franqueado e até sobre a qualificação do franqueado desejável pelo franqueador. Assim é que no tocante ao franqueador, deverá haver um histórico resumido, forma societária e nome completo ou razão social e de todas as empresas a que esteja diretamente ligado, bem como os respectivos nomes de fantasia e endereços. O potencial franqueado deverá assim saber com quem está lidando. Deverá o franqueador apresentar balanço e demais demonstrações financeiras relativos aos dois últimos exercícios. A Circular de Oferta de Franquia deverá dar indicação precisa de todas as pendências judiciais em que estejam envolvidos ele, as empresas controladoras e titulares de marcas, patentes e direitos de propriedade intelectual relativos à operação, e seus subfranqueadores, questionando especificamente o sistema de franquia ou que possam diretamente vir a impossibilitar o funcionamento da franquia. A tecnologia transferida não poderá, pois, estar sendo questionada. Essa exigência consta também na Convenção de Viena sobre Transferência Internacional de Mercadorias, promovida pela ONU em 1980, que se aplica também aos bens de propriedade intelectual.

Quanto à franquia, ou *franchising*, precisa que o franqueador dê uma circunstanciada descrição do sistema, descrição geral do negócio e das atividades a serem desempenhadas pelo franqueado, e indicação dos requisitos quanto ao envolvimento direto do franqueado na operação e administração do negócio. Dará ainda um orçamento e especificações quanto ao total estimado do investimento inicial necessário à aquisição, implantação e entrada em operação da franquia, e o valor estimado das instalações, equipamentos e do estoque inicial e suas condições de pagamento. O franqueado precisará, portanto, ter previsão de quanto poderá dispor para iniciar suas atividades.

O franqueador exporá suas exigências ante o franqueado. Traçará o perfil do "franqueado ideal" no que se refere à experiência anterior, nível de escolaridade e outras características que deverá ter obrigatoriamente ou preferencialmente. O franqueado, em grande parte dos casos, é uma empresa constituída às vésperas do contrato, destinada especificamente ao exercício da franquia. Sendo empresa nova, haverá poucas informações sobre ela; pesará então o perfil empresarial das pessoas que irão dirigi-la.

A remuneração exigida pelo franqueador, pela concessão da franquia, deve ser orçada, pois se trata de obrigação a ser assumida pelo franqueado: qual é o valor da taxa inicial de filiação ou taxa de franquia e de caução; assim como informações claras quanto a taxas periódicas e outros valores a serem pagos pelo franqueado ao franqueador ou a terceiros por este indicados, esclarecendo as respectivas bases de cálculo e o que as mesmas remuneram ou o fim a que se destinam. Devem ser indicados especificamente: a remuneração periódica pelo uso do sistema, da marca ou em troca dos serviços efetivamente prestados pelo franqueador ao franqueado, ou seja, *royalties*, o aluguel de equipamentos ou ponto comercial, a taxa de publicidade ou semelhante, o seguro mínimo, e outros valores devidos ao franqueador ou a terceiros que a ele sejam ligados.

Além das obrigações, o franqueador deve apontar ainda os direitos, vantagens e garantias do franqueado. Especificará o território no qual terá o franqueado direito de exclusividade ou preferência para atuar e, em caso positivo, em que condições o faz. Esclarecerá ainda sobre a possibilidade de o franqueado realizar vendas ou serviços fora de seu território ou realizar exportações. A concessão do franqueador, ou seja, do que consta a franquia, deve ser apontada na Carta de Oferta de Franquia, o que é efetivamente oferecido ao franqueado pelo franqueador, no que se refere à supervisão de rede; serviços de orientação e outros prestados ao franqueado; treinamento do franqueado, especificando duração, conteúdo e custos; treinamento da franquia; auxílio na análise e escolha do ponto onde será instalado o estabelecimento franqueado; e *layout* e padrões arquitetônicos nas instalações do franqueado.

O franqueado deverá ser prevenido até mesmo quanto à possibilidade de rompimento do contrato de franquia empresarial. Como ficará sua situação após a expiração do contrato de *franchising*? O *Know-how* ou segredo de indústria a que venha a ter acesso em função da franquia? Poderá implantar atividade concorrente da atividade do franqueador? Digamos que o franqueado da rede McDonald's tenha seu contrato rescindido e queira instalar estabelecimento com franquia da Arbis: poderá ele fazer isso? São questões que deverão ser previamente previstas.

Deve ser garantido ao franqueado estudar os passos que irá dar e o franqueador lhe dará elementos de consulta. Deverá esclarecer, por exemplo, qual é a situação perante o INPI das marcas ou patentes cujo uso estará sendo autorizado pelo franqueador. O potencial franqueado poderá colher informes junto ao INPI. Esse órgão incumbe-se de registrar os direitos de propriedade industrial, como marcas e patentes. Na Carta de Oferta de Franquia será incluída também a relação completa de todos os franqueados, subfranqueados e subfranqueadores da rede, incluindo-se os que se desligaram nos últimos doze meses, com nome, endereço e telefone. O interessado na franquia poderá assim informar-se com eles a respeito do comportamento empresarial do franqueador. Também os eventuais fornecedores do futuro franqueado serão indicados em relação completa. Não só o nome e endereço de todos os fornecedores, as informações sobre os materiais que estes fornecerão e o franqueado esteja disposto a adquirir deles. Conforme já foi referido, há possibilidade de o franqueado só poder adquirir certos bens, serviços ou insumos necessários à implantação, operação ou administração de sua franquia, dos fornecedores indicados pelo franqueador. Por isso, deve o franqueado estar informado desses pormenores.

Juntamente com a Circular de Oferta de Franquia, deverá ser juntado modelo do contrato-padrão e, se for o caso, também do pré-contrato-padrão de franquia adotado pelo franqueador, com texto completo, inclusive dos respectivos anexos e prazo de validade. Toda essa documentação deverá ser entregue ao candidato a franqueado, no prazo mínimo de dez dias antes da assinatura do contrato ou pré-contrato de *franchising* ou ainda do pagamento de qualquer tipo de taxa pelo franqueado ao franqueador ou à empresa ou pessoa ligada a este. O franqueado terá então o prazo de dez dias para examinar todos os ângulos do compromisso a assumir. Se esse prazo não for cumprido, ou seja, se a Circular de Oferta de Franquia não for entregue com dez dias de antecedência da assinatura do contrato, o franqueado poderá arguir a anulabilidade do contrato e exigir a devolução de todas as quantias que já houver pago ao franqueador ou a terceiros por ele indicados, a título de taxa de filiação e *royalties*, devidamente corrigidas, pela variação da remuneração básica dos depósitos de poupança, mais perdas e danos. Essas mesmas sanções serão ainda aplicadas ao franqueador que veicular informações falsas na sua Circular de Oferta de Franquia, sem prejuízo das sanções penais cabíveis.

Em tais condições, o franqueado deverá assinar o contrato de franquia plenamente consciente das responsabilidades que irá assumir, dando assim ao franqueador segurança no exercício de seus direitos. O contrato de franquia deve ser sempre escrito e assinado na presença de duas testemunhas e terá validade independentemente de ser levado a registro perante cartório ou órgão público. É, pois, um contrato formal, também chamado de solene, uma vez que deverá ser formalizado de acordo com as normas legais. Caso o contrato contiver obrigação líquida e certa, poderá ser protestado e constituirá um título executivo extrajudicial.

Ao falar a Lei em franqueador, refere-se ela a todos os fornecedores dos direitos de propriedade intelectual: franqueador, subfranqueador e outros. Como a maioria das empresas franqueadoras são multinacionais, estão elas sediadas no exterior, mas mantêm um representante legal no Brasil e este é quem assinará o contrato na condição de franqueador. O contrato não é, pois, assinado diretamente pela detentora internacional da franquia.

A Lei do *Franchising* incorpora os princípios internacionais dessa prática, adaptando-os ao Direito brasileiro. Pelo que se nota, destina-se a proteger o franqueado, impondo muitas obrigações ao franqueador, obrigando-o até mesmo a informar ao franqueado as vantagens e garantias que este terá. Não nos parece, porém, uma lei leonina, pois o franqueado não poderá reclamar do contrato posteriormente, como acontece na maioria dos contratos de adesão ou contratos mediante módulos ou formulários. É lei de louvável técnica, mas apresenta algumas imprecisões de ordem tecnológica. Por exemplo, fala em "direitos do autor", mas, se refere a "direitos de propriedade industrial", terminologia esta adotada pela lei específica desse ramo do Direito Empresarial, a Lei de Patentes. Poder-se-á ainda falar em "direito da propriedade imaterial", como adotava nosso Código Penal. O Direito do Autor aplica-se à propriedade literária, artística ou científica, enquanto o contrato de franquia empresarial, por ser empresarial, faz aplicação do direito da propriedade intelectual, industrial ou imaterial. Tanto é verdade que a Lei fala em registro desses direitos no INPI — Instituto Nacional da Propriedade Industrial. Mesmo no plano internacional, o Direito do Autor e o Direito da Propriedade Intelectual são regulamentados por convenções internacionais diferentes e controlados por órgãos diferentes.

9.6 Importância do *franchising*

A enorme importância que o contrato de *franchising* atingiu nos dias atuais decorre das vantagens que traz a ambas as partes e ao grande público consumidor. Por este último aspecto, tem encontrado apoio de órgãos públicos nos EUA e no Brasil. Vulgariza-se cada vez mais nas áreas de refeições rápidas (*fast-food*) como as redes de lanchonetes McDonald's, Bobs e várias outras, comercialização de roupas, como das *griffes* Fiorucci, Benetton, Ellus, Pierre Cardin.

Para o franqueador poupa maior investimento de capital, manutenção de um grande quadro de pessoal, possibilidade de cobrir todo o território de um país e menor envolvimento com responsabilidades tributárias, trabalhistas, previdenciárias. Contará com pontos de venda exclusivos, porquanto o franqueado só poderá trabalhar com o franqueador.

Pelo lado do franqueado, terá ele um mercado exclusivo para os produtos franqueados, comercializará produtos de marca conhecida e de boa aceitação, recebe tecnologia elaborada, tem garantia de fornecimento de matéria-prima por um só fornecedor, dispensando tomada de preços. Importante vantagem do franqueado é a intensa propaganda feita universalmente pelo franqueador, tornando os produtos franqueados de fama universal. Recebe ainda o franqueado assessoria e assistência técnica permanente, inclusive com o treinamento de seus funcionários e orientação para o projeto de instalações.

Em vista dessas vantagens, tão grande se tornou o número de empresas franqueadoras e franqueadas, que o contrato de *franchising* passou a figurar como um dos mais importantes no universo contratual. Conforme pesquisa realizada em 1986, o número de empregados nas empresas de *franchising*, nos EUA, superava a casa dos dez milhões, correspondentes a 10% da força de trabalho do país, enquanto o número de empresas franqueadoras ultrapassava 3.000 e o das franqueadas, 350.000. Nova pesquisa, em 1988, apontou um aumento de 30% nesses dados.

9.7 Origem

O *franchising* é uma criação do mundo moderno, mais precisamente do pós-guerra (1939-1945). Surgiu nos EUA e lá se implantou, propagando-se pelo mundo. Ao que consta, a principal causa foi a existência de uma legião de desempregados, mormente de soldados que retornavam da II Grande Guerra e posteriormente das guerras da Coréia e do Vietnã. O *franchising* ofereceu para eles a oportunidade de montarem seu negócio próprio.

O marco inicial do *franchising* é tomado na cidade norte-americana de San Bernardino, na Califórnia. Lá havia uma lanchonete com o nome de seu dono, McDonald's. Crescendo o movimento, o nome e o sistema, foi ele sendo concedido para utilização em algumas cidades da Califórnia, depois para outros estados, e, hoje, está espalhado em todos os continentes.

Esse marco inicial é apenas convencional. Embora a expressão *franchising* seja nova, práticas semelhantes devem ter ocorrido em muitos lugares e com bastante antecedência. Ao que consta, o contrato foi criado na França, na primeira metade do século passado. Consta, ainda, que, no século passado, na Bahia, um produtor de calçados, de nome Stella, criou uma cadeia de lojas independentes em muitas cidades do Nordeste, utilizando um sistema típico de *franchising*.

Por volta de 1850, a grande empresa de máquinas de costura Singer Sewing Machine deu concessão a milhares de pessoas nos EUA e em muitas cidades espalhadas pelo mundo, para utilizarem o nome Singer, seu logotipo, venderem máquinas de costura com essa marca, darem assistência técnica, venderem peças avulsas e ministrarem cursos para a produção de roupas utilizando as máquinas de sua distribuição. Esse sistema ainda permanece. Foi a aplicação de um contrato bem parecido com o do atual *franchising*.

O contrato de concessão, adotado pela General Motors e depois pelas demais montadoras de automóveis nos EUA a suas concessionárias, tem muitas características de *franchising*. Igualmente o contrato mantido entre distribuidoras de combustíveis e os chamados "postos de gasolina". Esses dois tipos de contratos são bem antigos e vulgarizados, com características bem próximas às do contrato de *franchising*. Talvez também tenham sido o embrião dessa nova figura contratual. O sistema de produção e distribuição da Coca-Cola obedece ainda a critérios semelhantes aos adotados pelo *franchising*.

10. TROCA INTERNACIONAL DE MERCADORIAS

10.1 A *countertrade*
10.2 *Barter*
10.3 *Compensation*
10.4 *Counterpurchase*
10.5 *Buy-back*
10.6 *Switch*
10.7 Regulamentação

10.1 A *countertrade*

O contrato de troca é dos mais antigos, provavelmente anterior ao de compra e venda. O homem primitivo começou a praticar a troca desde o momento em que algumas coisas sobravam e outras lhe faltavam. Entrou em acordo com seu vizinho, a fim de ambos solucionarem o problema que os afligia, de mercadorias em excesso e em falta. Com a evolução das atividades econômicas, surgiu o contrato de compra e venda, incorporando os mesmos princípios de troca.

A troca (ou permuta ou escambo) é um contrato regulamentado pela nossa lei. O Código Civil o prevê em apenas um artigo, o 1.164, dizendo que se aplicam à troca as disposições referentes à compra e venda. O Código Comercial é menos parcimonioso e prevê a troca com o nome de troca mercantil, também chamada por ele de "escambo", em cinco artigos, 221 a 225. Diz também, como o Código Civil, que as trocas mercantis regulam-se pelas disposições da compra e venda mercantil.

No início de 1998, o Senado Federal aprovou o Projeto do novo Código Civil, que, sendo promulgado, revogará tanto o Código Civil como o Código Comercial. Essas disposições continuam, entretanto, no novo Código Civil.

A troca é, pois, um contrato, como o de compra e venda, de prestações recíprocas (ou bilateral), consensual, oneroso e comutativo, mediante o qual uma das partes se obriga a transferir à outra uma coisa, recebendo em contraprestação outra, diferente do dinheiro, chamado "preço" (*res pro pretio*) e a troca é a transferência de uma coisa por outra (*res pro re*). Na compra e venda há, pois, a intermediação da moeda, uma mercadoria intermediária. Não há dúvida, porém, de que há dois contratos irmãos, com muitos pontos de conexão e analogia entre ambos.

Considera-se a compra e venda o resultado da transformação do contrato de troca, conforme consta do próprio Digesto. Pouco a pouco, entretanto, a compra e venda foi-se tornando contrato usual e preponderante, suplantando o contrato que lhe deu origem, transformando-o num contrato subalterno e inexpressivo. Assim aconteceu no Brasil e no mundo inteiro.

Não é, todavia, o que ocorre no plano internacional. A transferência de mercadorias constitui um contrato importantíssimo no comércio internacional, da mesma forma que no nacional. Lutam os países para aumentar sua produção agrícola e industrial e para encontrar a solução para os bens que produz. O aperfeiçoamento da tecnologia faz aumentar a produção de bens e a sua oferta no mercado nacional. Muitos países, no entanto, necessitam de produtos variados, mas não têm moeda forte para pagar a compra desses produtos. Apenas um pequeno número de países ricos dispõe de numerário para pagar o preço das mercadorias adquiridas no mercado internacional.

Os países pobres, ou em desenvolvimento, como assim são chamados, constituem a maioria absoluta e o que caracteriza sua condição é não ter dinheiro. O Brasil é um exemplo; não temos dinheiro forte para pagar a compra de produtos de que necessitamos. Nosso dinheiro não é considerado moeda conversível, vale dizer, que pode ser trocada por outra. Temos, porém, produtos em sobra de que necessitam outros países, como açúcar, álcool, café, soja, milho, carne, couros, peles, madeiras, e tantos outros. O caminho que sobra para nós é propor esses produtos em troca dos que nos faltam, como trigo e petróleo. Eis porque, no comércio internacional, a troca é um valioso instrumento contratual para operar a transferência de mercadorias.

É também o porquê do desenvolvimento das operações de troca internacional de mercadorias, que, aos poucos, vão se sofisticando e ampliando, apesar de não ser visto com simpatia pelos governos, pelos bancos e organizações internacionais e órgãos de financiamento. Não havendo dinheiro, não há inflação, taxa de juros, *spread*, FMI, EXIMBANK, Banco Central, déficits no balanço de pagamentos, moeda forte, endividamento, controles oficiais, OMC (ex-GATT).

O sistema de trocas internacionais de bens e serviços é conhecido internacionalmente como *Countertrade* e nos dias hodiernos se apresenta com cinco facetas primordiais, distinguindo os diversos tipos de operações: *barter*, *compensation*, *counterpurchase*, *buy-back* e *switch*.

10.2 *Barter*

O *Barter* é simples troca direta de bens ou serviços por outros, sem a intermediação da moeda. É formalizada em um único contrato, comprometendo-se o vendedor a transferir determinada mercadoria. Só há duas partes envolvidas e o preço das mercadorias é de somenos importância. Por exemplo: a Petrobras contrata com um exportador de petróleo do Iraque e troca 10.000 barris de petróleo por 100 toneladas de frango.

Cada parte orça o preço de sua mercadoria, podendo constar no contrato um preço baseado na Bolsa de Mercadorias de algum país, um preço simbólico e em qualquer moeda. A troca de mercadorias é normalmente instantânea, com o embarque feito na mesma ocasião.

10.3 *Compensation*

A *compensation* é uma troca de mercadorias em que o vendedor exporta para o comprador, situado no estrangeiro, com a mercadoria avaliada em determinado valor, lançando-o a débito do comprador, sem a movimentação da moeda. O saldo financeiro dessa operação é acertado pela venda de uma mercadoria pelo devedor ao credor, compensando-se os débitos.

É diferente do *Barter*: neste há um só contrato e uma só operação. As duas partes cumprem simultaneamente suas prestações e não há conta corrente ou saldos devedores. Na *compensation* há um contrato geral ou um protocolo e, às vezes, até um contrato meramente verbal. Uma parte toma a iniciativa, exportando certa mercadoria ao comprador e lançando a débito do importador o valor dessa mercadoria. Posteriormente, o devedor-importador exporta para o credor outras mercadorias com o mesmo valor do débito, encerrando a conta corrente.

Nota-se que há um valor monetário como referência, tornando-se uma parte credora e a outra devedora numa conta corrente. Não há, contudo, pagamento em dinheiro, razão por que não se constitui uma compra e venda. As duas operações de troca não são realizadas simultaneamente como no *Barter*: uma mercadoria é enviada, e a outra, fornecida como pagamento, será enviada em outra ocasião. A mercadoria de pagamento será escolhida futuramente.

Por exemplo, a Petrobras importa 10.000 barris de petróleo do Irã, ficando devedora de US$ 50.000 para com o exportador iraniano. Posteriormente, a Petrobras exporta para o Irã mercadorias no valor de US$ 50.000, que poderão ser frangos, águas, cereais ou qualquer outra, em combinação com as partes. No *Barter* as duas mercadorias são definidas no contrato único.

A parte que tomar a iniciativa, ou seja, efetuar a primeira exportação, deverá munir-se de garantias contra um possível inadimplemento do importador. Esta situação acontecerá sempre que um exportador tornar-se credor na *clearing account*.

A principal característica da *Compensation* é a de que o exportador pode transferir sua obrigação de compra a um terceiro, razão pela qual muitas vezes esse tipo de transação envolve vários países, todos eles entrando na *clearing account*. Para o importador-devedor, pouco importa quem comprar dele, pois o que lhe importa é livrar-se de seu débito.

10.4 *Counterpurchase*

É parecido com a *Compensation*, mas não há uma conta corrente com operações sucessivas. É uma operação única na qual existem dois contratos de compra recíproca. O primeiro contrato registra a venda de um produto e/ou serviço pelo exportador ao importador, e o segundo registra a obrigação de compra, pelo exportador, de mercadorias e/ou serviços ao importador. Há dois contratos simultâneos, mas independentes, embora devam ser ambos ligados a um protocolo.

É também chamado de *counterdelivery*, *paraleltrade* ou *reciprocal trade*. A primeira operação é individual e momentânea, mas o pagamento pelo importador pode ser feito em etapas e em prazo futuro. Envolve apenas dois países.

10.5 *Buy-back*

É um contrato pelo qual o exportador fornece ao importador uma instalação industrial com tecnologia, recebendo como pagamento mercadorias produzidas por essa instalação, por determinado período. O exportador é quase sempre um industrial, pois fornece equipamentos industriais; o importador é também um industrial, que manterá sua indústria com os equipamentos fornecidos pelo exportador.

Uma operação internacional de grande repercussão foi o contrato de *Buy-back* celebrado entre empresas da Áustria e da antiga União Soviética; a primeira fabricou grande quantidade de tubos para a construção de um gasoduto entre os dois países, instalando-os desde a Sibéria. Para pagar a importação dessa tubulação e dos serviços, a União Soviética forneceu à Áustria, por diversos anos, gás transportado pela tubulação fornecida.

Consta também que uma empresa industrial americana forneceu um fábrica de calçados para uma indústria de Franca, recebendo como pagamento calçados fabricados pela fábrica fornecida.

10.6 *Switch*

Não se diferencia muito da *Compensation*, mas o pagamento feito pelo importador não é efetuado por mercadoria *in natura*, mas por papéis de crédito que o exportador aceita como pagamento. É uma conjugação de troca internacional de mercadorias com o mercado internacional de capitais. Difere da *compensation* por ser um contrato bilateral, não entrando terceiros no contrato, a não ser com possível transferência de débito ou de crédito.

Por exemplo, a Petrobras importa petróleo da Arábia Saudita. Entretanto, a Petrobras realizou, para diversas empresas do mesmo país, exportação de produtos variados; como decorrência dessas exportações, a Petrobras dispõe de Créditos Documentários, Letras de Câmbio, Cartas de Crédito e outros papéis. Transfere esses papéis para o exportador, que os transforma em pecúnia e satisfaz seu crédito.

O *Switch* não deixa de ser uma troca de mercadorias, embora o exportador-credor satisfaça seu crédito com o dinheiro que apura com os papéis de crédito. O pagamento não é feito, entretanto, diretamente ao exportador-credor, mas a um terceiro, transformando-se a exportação em crédito representado por títulos.

10.7 Regulamentação

Não se conhece convenção internacional que regulamente especificamente o contrato de troca internacional de mercadorias. Também não há organização internacional para acompanhar a prática internacional de permuta de mercadorias. Os motivos são vários, inclusive os já comentados neste assunto: não há interesse dos governos e dos bancos nesse tipo de operação comercial, mormente nos países ricos. A troca, como foi dito, atende mais aos interesses dos países pobres.

Todavia, no exame do direito interno de quase todos os países, a troca é um contrato previsto. É o que acontece em nosso Código Civil, no art. 1.164. Também nosso Código Comercial prevê a troca, nos arts. 221 a 225, com o nome de troca ou escambo mercantil. O Código Civil da França regulamenta a troca nos arts. 1.702 a 1707, com o nome de *exchange*, enquanto o Código Civil italiano trata da troca, com o nome de permuta, nos arts. 1.552 a 1.555. O Código Civil alemão (BGB), nos arts. 433 a 515, regulamenta a compra e venda e a troca num mesmo título.

Em todos os Códigos há um denominador comum: o de que ao contrato de troca aplicam-se as normas adotadas para o de compra e venda. Como o Direito comparado dos países juridicamente mais desenvolvidos constitui fonte do Direito Internacional, pode-se concluir que também na troca internacional devam ser aplicados os mesmos princípios e normas adotados na compra e venda internacional. Entre essas normas avulta-se a Convenção de Viena de 1980.

Cumpre ressaltar que a legislação de vários países preconiza a obrigatoriedade de ambas as partes, no contrato de troca, garantirem-se contra os efeitos da evicção e dos vícios redibitórios. Assim também estabelece a Convenção de Viena.

11. COMPRA E VENDA INTERNACIONAL DE MERCADORIAS

11.1 Conceito e natureza jurídica
11.2 Convenção de Viena
11.3 Características do contrato
11.4 Obrigações do vendedor
11.5 Obrigações do comprador
11.6 Conflitos e foro

11.1 Conceito e natureza jurídica

Este contrato é o mais comum no Direito interno, tanto que nosso Código Civil, ao elencar os diversos contratos por ele codificados, coloca o de compra e venda em primeiro lugar. O contrato de compra e venda está regulamentado em nosso Código Civil e no Código Comercial, neste último com o nome de "compra e venda mercantil". Se o contrato de compra e venda prepondera no Direito interno, no internacional assume proeminência ainda maior. As operações econômicas internacionais, em sua maioria, se consubstanciam nesse contrato ou giram em torno dele. Nos demais países também se nota o realce dado a esse contrato, com seus Códigos fazendo-o preceder aos demais contratos; assim se vê no Código Civil italiano e no Código Comercial francês.

A compra e venda é, antes de tudo, um contrato. É antigo e frequente, fortemente caracterizado pelas características de todo contrato. Muitos conceitos têm sido estabelecidos sobre contrato, mas preferimos tomar por base um conceito muito difundido internacionalmente, expresso no art. 1.321 do Código Civil italiano:

> "Contrato é o acordo de duas ou mais partes, para constituir, regular ou extinguir entre elas uma relação jurídica de natureza patrimonial".

Este último aspecto é por demais importante e necessita ser analisado. A natureza patrimonial a que se refere esse conceito implica valor econômico, ou seja, concomitantemente uma parte enriquece enquanto a outra empobrece. Por exemplo, uma *trading company* brasileira vende mil toneladas de soja a um comprador situado em outro país; ao vender, a *trading* desfalca seu patrimônio, extraindo dele essa mercadoria, enriquecendo, então, o patrimônio do importador. Por outro lado, o comprador, ao pagar o preço, empobrece ao retirar dinheiro de seu patrimônio, transferindo-o ao patrimônio do vendedor.

Quanto ao contrato de compra e venda especificamente, há várias considerações no Direito dos países, embora esses conceitos se reportem ao Direito romano. Será preferível adotarmos o critério observado pelo Código Civil brasileiro, que dá um conceito muito preciso sobre esse contrato no art. 1.122:

> "Pelo contrato de compra e venda, um dos contraentes se obriga a transferir o domínio de certa coisa, e o outro, a pagar-lhe certo preço em dinheiro".

O critério brasileiro é também adotado pela maioria dos países; é ele baseado no Código Civil alemão. Pelo contrato de compra e venda o vendedor assume a obrigação de transferir a propriedade da coisa vendida, mas nem sempre a transfere na hora. Muitas vezes, a venda é feita numa ocasião, mas a mercadoria é entregue em outra e só então o comprador se torna o dono dela.

O outro sistema é o adotado pela França e pela Itália, bem como por diversos outros países. Por esse sistema, no contrato de compra e venda, o vendedor assume a obrigação de vender e ao mesmo tempo transfere o domínio da mercadoria. Num só ato se englobam os passos fundamentais da venda: o vendedor assume a obrigação de dar e ao mesmo tempo transfere o domínio da mercadoria.

A distinção entre os dois sistemas é importante e provoca conflitos em operações internacionais, entre países que adotam sistemas diferentes. Por isso, bom número de países estabeleceram a Convenção de Haia, adotando critérios uniformes para a compra e venda de mercadorias, que harmonizassem os critérios adotados pelo maior número possível de países. Posteriormente, em 1980, foi realizada em Viena, promovida pela ONU, nova convenção sobre venda internacional de mercadorias, que vigora ainda hoje e aplica-se amplamente por ter sido promovida pela ONU.

11.2 Convenção de Viena

A compra e venda internacional de mercadorias é considerada pela Convenção de Viena como imprescindível para o desenvolvimento do comércio internacional, baseado na igualdade e nas vantagens mútuas e constitui um elemento importante na promoção de relações amigáveis entre os países. Considera ainda que a adoção de regras uniformes aplicáveis aos contratos de venda internacional de mercadorias e compatíveis com os diferentes sistemas econômicos, sociais e jurídicos contribuirá para a eliminação dos obstáculos jurídicos às trocas internacionais e favorecerá o desenvolvimento do comércio mundial.

A compra e venda ocupa-se apenas da venda internacional de mercadorias, deixando de lado as mercadorias de uso pessoal ou familiar, para leilão, com penhora ou qualquer outra constrição judicial, de valores mobiliários, títulos de crédito e moedas, navios, barcos, aeronaves e batiscafos, eletricidade.

Não se refere também à venda de serviços. Em vários países, como se vê no moderno Código Comercial português, o contrato de prestação de serviços é um contrato próprio, nominado e bem distinto da compra e venda. A Convenção de Viena julgou melhor distingui-lo do da compra e venda, não o incluindo na regulamentação; para os efeitos dessa convenção, não é uma *res*. Não atinge também o *drawback*.

Para essa convenção, o contrato de compra e venda internacional, segundo os arts. 14 a 24, celebra-se pela oferta de venda da mercadoria e pela aceitação da oferta por parte do comprador. Uma proposta para a celebração do contrato de compra e venda dirigida a uma ou mais pessoas determinadas constitui uma oferta se ela for suficientemente precisa e se ela indica a vontade de seu autor em obrigar-se, no caso de aceitação. Uma proposta é suficientemente precisa quando designar as mercadorias e, expressa ou implicitamente, fixar a quantidade e o preço ou fornece as indicações necessárias para determiná-los.

Uma proposta endereçada a pessoas indeterminadas é considerada apenas como um convite à oferta, a menos que aquele que tenha feito a proposta não tenha claramente indicado o contrário. Essa disposição é bem diferente das observadas no Direito interno de muitos países; ao fazer oferta pública, como anunciar no jornal ou expor mercadorias na vitrina, o ofertante renuncia à escolha de seu comprador.

A oferta torna-se eficaz assim que ela chega ao destinatário; mesmo que seja irrevogável, pode ser retratada se a retratação chegar ao destinatário antes ou concomitante com a oferta. Mesmo que uma oferta seja irrevogável, torna-se nula se a recusa ao oblato chega antes que ele tenha expedido ao policitante a aceitação da oferta. Esse critério é também adotado no Direito Contratual brasileiro, previsto no art. 1.085 do Código Civil.

O art. 16 da Convenção de Viena prevê dois casos em que a proposta não poderá ser revogada: em primeiro lugar, se a oferta estabelece um prazo para a aceitação ou se consta na própria oferta a condição de irrevogabilidade; em segundo lugar, se o destinatário da oferta considerou-a como irrevogável e, em vista dessa condição, tomou providências para concretizar a compra da mercadoria ofertada.

A aceitação de uma proposta produz efeitos jurídicos no momento em que chegar ao conhecimento do ofertante. Não produzirá efeito, porém, se a aceitação não chegar ao conhecimento do policitante no prazo estipulado, ou, se não houver um prazo estipulado, num prazo razoável, tendo em conta as circunstâncias da transação e da rapidez dos meios de comunicação utilizados pelo autor da oferta. Uma oferta verbal deve ser aceita imediatamente, a menos que as circunstâncias impliquem no contrário.

11.3 Características do contrato

O contrato de compra e venda internacional de mercadorias possui as características normais de todos os contratos, mas é dotado de aspectos especiais, que fazem dele um contrato típico e autêntico. Convém assim examiná-lo a partir de suas características mais sugestivas.

Consensual — Perante a Convenção de Viena, o contrato de compra e venda internacional de mercadorias é consensual (art. 30). Basta o consenso entre as partes a respeito da transação. O vendedor faz a oferta da mercadoria, o comprador aceita: chegou-se a um *consensus*, a um acordo. Esse é o critério mais consentâneo com o antigo Direito romano, que permaneceu no Código Civil alemão e por reflexo desse Código projetou-se no Código Civil brasileiro. É o que diz o art. 1.126 de nosso Código Civil:

> "A compra e venda, quando pura, considerar-se-á obrigatória e perfeita, desde que as partes acordem no objeto e no preço".

Embora a Convenção de Viena tenha sido elaborada principalmente por juristas franceses e italianos, afasta-se do Direito francês e do italiano, que consideram a compra e venda como um contrato real. Torna-se difícil a venda internacional ser um contrato real, pois vendedor e comprador estão geralmente longe um do outro, com dificuldade de contato direto. A mercadoria, muitas vezes, não está disponível e o seu transporte é mais difícil no mercado externo. Além disso, o comprador estrangeiro assume o domínio da mercadoria no país do vendedor, encontrando mais dificuldades para o desembaraço dela.

De prestações recíprocas — Este contrato tem duas partes bem definidas: comprador e vendedor. Há a declaração de duas vontades e para ambas são gerados direitos e obrigações. As obrigações primordiais estão bem explícitas na Convenção de Viena: para o vendedor gera a obrigação de transferir o domínio da mercadoria (*res*) e para o comprador a de pagar o preço.

Comutativo — O contrato de prestações recíprocas deve ter a gama de obrigações de cada parte previamente reconhecida e com valores mais ou menos estimados. Os princípios do Direito

Contratual exigem que as partes respeitem uma equidade, ou seja, a gama de direitos e obrigações de cada uma deve ter uma relativa equivalência de valores. Quando há um desequilíbrio, vale dizer, uma parte é carregada com alta dose de obrigações e a outra fica com mais direitos, designa-se esse contrato como "leonino". Não se admite mais nas transações econômicas nacionais e internacionais a validade de contratos desse tipo. À *res* deve corresponder um *pretium* sem chocante desequilíbrio. Esse equilíbrio, essa bilateralidade, que alguns chamam ainda de sinalagma é considerado requisito básico do contrato pelo Direito norte-americano, com o nome de *consideration*. Sem ele o contrato será nulo.

Oneroso — Oneroso é o contrato de prestações recíprocas, mas olhado sob o lado mais financeiro. A onerosidade do contrato impõe às partes um sacrifício e uma vantagem patrimonial, recíprocas e simultâneas. A onerosidade do contrato de compra e venda revela-se pelo preço, isto é, a contraprestação dada pelo comprador pelo recebimento da mercadoria. É um dos elementos essenciais do contrato *sine pretio nulla venditio est*.

O Direito romano, muito minucioso e formalista, considerava o preço de forma bem precisa, que ele fosse "certo" (reconhecido), "justo" (comutativo, quer dizer, equilibrado com a coisa vendida) e "verdadeiro" (líquido, real).

A Convenção de Viena é bem mais liberal, seguindo evolução que apresenta o Direito de vários países; o preço é mais maleável. Estabelece o art. 55 que a venda pode ser validamente concluída sem que o preço das mercadorias vendidas tenha sido fixado no contrato, expressa ou implicitamente, ou por alguma disposição que permita determinar o preço. Será tomado por base o preço habitualmente praticado no momento da conclusão do contrato, para mercadorias idênticas, comercializadas em condições semelhantes nas bolsas de mercadorias.

Informal — Formal ou solene é o contrato para o qual a lei traça os contornos básicos. Para a Convenção, o contrato de compra e venda internacional de mercadorias é informal ou não solene, pois não se exige para ele formalidades especiais. Não precisa ser concluído nem provado por escrito e não está submetido a qualquer outra condição de forma. Ele pode ser provado por todos os meios de prova, inclusive por testemunhas.

11.4 Obrigações do vendedor

A Convenção prevê obrigações básicas e gerais das partes, embora cada contrato tenha peculiaridades próprias, principalmente com a adoção de cláusulas especiais dos *incoterms*. São três as principais obrigações:
- transferir o domínio das mercadorias ao comprador;
- remeter-lhe o documentário;
- garantir a inviolabilidade da mercadoria e os riscos da evicção e vícios redibitórios.

A mercadoria deve ser entregue livre de qualquer direito ou pretensão de terceiros, a menos que o comprador aceite receber as mercadorias em tais condições. Especificamente no caso de direito ou pretensão de terceiros, referentes à Propriedade Intelectual, que o vendedor conheça ou deveria conhecer no momento em que firmou o contrato, e que vigoravam no país do vendedor.

Contudo, o vendedor fica isento de responsabilidade se o direito ou pretensão de terceiros, no tocante à Propriedade Intelectual referente a essas mercadorias, não prevaleçam em seu país, mas no país do comprador ou nos países em que o comprador vender essas mercadorias.

Obrigação importante para o vendedor, no caso da compra e venda internacional, é a de fazer chegar às mãos do comprador o documentário da venda no momento, no lugar e na forma prevista no contrato. Mesmo no tocante aos documentos que devam ser providenciados pelo comprador, necessário se torna a colaboração do vendedor. A Convenção de Viena reconhece ao comprador o direito de reclamar perdas e danos que tiver em decorrência de documentário irregular.

11.5 Obrigações do comprador

A primacial obrigação do comprador é a de pagar o preço no tempo, local e modo previsto no contrato. Essa obrigação amplia-se com as providências que lhe cabem de fazer o pagamento chegar ao vendedor, inclusive arcando com as taxas e entraves existentes no país do comprador.

Outra obrigação do comprador é a de tomar posse da mercadoria comprada, liberando-a com a maior brevidade. Caso a mercadoria esteja com algum defeito e fora das especificações constantes do contrato, obriga-se a comunicar, de imediato, a ocorrência ao vendedor.

11.6 Conflitos e foro

Importante aspecto do Direito Contratual Internacional é a solução de conflitos em decorrência das cláusulas contratuais, a forma de julgamento e o foro competente. Embora vigore a liberdade das partes com a "autonomia da vontade", há restrições e inibições legais que limitam a capacidade dos contratantes de disporem como lhes aprouver a esse respeito.

Contravenções ao contrato cometidas por uma das partes são essenciais quando elas causarem à outra parte um prejuízo que a prive substancialmente do que ela pretendia do contrato, a menos que a parte contraventora não possa ter previsto esse prejuízo.

O contrato pode ser modificado ou resilido por acordo amigável entre as partes. Um contrato escrito que contenha disposição estipulando que toda modificação ou resilição de comum acordo só pode ser modificado ou resilido por essa forma, não poderá ser feito de modo diferente. A Convenção aplica assim um princípio de que um contrato deve ser modificado ou terminado pela mesma maneira pela qual se constituiu, princípio esse aplicado no Direito interno de muitos países, inclusive no Brasil.

Aspecto delicado, que a Convenção de Viena cuidou levemente no art. 28, foi o do foro competente para dirimir dúvidas e conflitos entre as partes contratantes do contrato de compra e venda internacional de mercadorias. Se uma parte tiver direito de exigir da outra a execução de uma obrigação, um tribunal será encarregado de obrigar a execução, aplicando o direito que ele adotaria para os contratos de venda semelhantes, não regidos pela Convenção.

Assim sendo, a Convenção não indica qual será o tribunal e atribui ao tribunal escolhido a faculdade de aplicar seu próprio direito. Comumente, nos contratos internacionais há cláusula compromissória adotando a Arbitragem, solucionando facilmente o problema. Nem sempre, porém, ocorre a cláusula compromissória e as partes acordam que a solução seja dada pela Justiça de um dos países contratantes.

Embora vigore o princípio da "autonomia da vontade das partes" no estabelecimento das cláusulas contratuais, o foro competente está estabelecido no Código de Processo de quase todos os países, não sendo facultado às partes modificar a disposição legal. Mesmo no caso de um contrato internacional, não pode a vontade das partes afrontar as leis dos respectivos países ou a lei do foro competente.

Assim sendo, o foro competente deverá ser calcado no elemento de conexão mais incisivo: o lugar da oferta ou da aceitação, da execução do contrato, do domicílio das partes. Tomaremos por base o que dispõe a Lei de Introdução ao Código Civil: no tocante às obrigações, vigora o art. 9° e no tocante aos bens, o art. 8°.

Pelo que dispõe o art. 9°, § 2°, a obrigação resultante do contrato reputa-se constituída no lugar em que residir o proponente. Por outro lado, pelo art. 1.087 do Código Civil reputar-se-á celebrado o contrato no lugar em que foi proposto. Pela nossa legislação, se for o caso de uma exportação, o vendedor está sediado no Brasil e, portanto, o foro competente será o do Brasil. Se for um contrato de importação, o foro será o do país em que estiver sediado o exportador.

Entretanto, o próprio art. 9° prevê outros elementos de conexão, além do domicílio do proponente. O *caput* invoca o do lugar da celebração do contrato (*lex loci celebrationis*) e o § 1° o lugar da execução (*lex loci executionis*). Diz o *caput* do art. 9º que, para qualificar e reger as obrigações, aplicar-se-á a lei dos países em que se constituírem. Portanto, se o contrato for celebrado no Brasil, será o foro no Brasil; se for celebrado no exterior, lá serão resolvidos os litígios.

Há um outro aspecto: é possível que o contrato seja celebrado em país estranho às partes. Por exemplo, um contrato de compra e venda internacional de mercadorias celebrado entre uma empresa brasileira e outra argentina é celebrado no Uruguai. Segundo nossa disposição legal, as obrigações se constituíram no Uruguai e por isso lá está o foro competente para a solução deles.

O § 1º do art. 9º estabelece outro critério: se o contrato for executado no Brasil, o foro será aqui (*lex loci executionis*). Será, entretanto, observada a lei estrangeira quanto aos requisitos extrínsecos do ato. É o caso típico de aplicação da lei estrangeira pela Justiça brasileira.

12. *INCOTERMS*

12.1 Conceito e natureza jurídica
12.2 A elaboração
12.3 *Os Incoterms* - 1953
12.4 *Os Incoterms* - 1990
12.5 EXW
12.6 FOR-FOT-FOA
12.7 FAZ
12.8 FOB
12.9 CIF
12.10 C & F
12.11 C & I
12.12 EXS
12.13 EXQ

12.1 Conceito e natureza jurídica

O contrato de compra e venda é o mais usual no comércio, tanto nacional como internacional. Com sua divulgação cada vez mais ampla, vai somando uma série imensa de novas facetas, inovações e complexidade cada vez mais sofisticadas. Essa complexidade se acentua mais ainda nas operações internacionais, dadas as naturais dificuldades que fatalmente surgem. A distância em que as partes se encontram, as diferenças de idiomas das partes envolvidas, a variação dos meios de transporte, o maior tempo exigido para a entrega das mercadorias, o sistema de pagamento do preço, os riscos do negócio, são algumas dessas dificuldades que sobrecarregam a venda internacional. São problemas comuns também à troca internacional (*countertrade*).

Focalizamos aqui um problema complexo e difícil, com a solução encontrada. Não há total uniformidade no direito dos países na regulamentação do contrato de compra e venda. Também não há uniformidade no direito dos países, na linguagem, nos critérios e nos costumes.

O aspecto principal dessas divergências diz respeito às obrigações do vendedor e do comprador. A Convenção de Haia, de 1964, e a de Viena, de 1980, procuraram estabelecer critérios uniformes, mas não resolveram principalmente os problemas práticos, para dar segurança e uniformidade no estabelecimento de contratos.

Os *INCOTERMS* (*International Commercial Terms*) foram a solução encontrada para o problema retro-exposto. Constituem o estabelecimento de uma terminologia uniforme, fácil de interpretação e aplicação. Não se constitui, todavia, só de uma terminologia; é um conjunto de normas internacionais que levam à correta interpretação das obrigações do vendedor e do comprador e uma praxe mais uniforme a ser adotada por todos os países. É um tipo de código, cujas disposições se caracterizam como cláusulas do contrato de compra e venda. Basta inserir num contrato a sigla de um *Incoterms* e estará estabelecida uma cláusula bem definida.

De fato, não é possível, num mundo dividido por barreiras linguisticas e, sobretudo, por diferentes tradições culturais, comerciais e jurídicas, deixar ao acaso, às anotações em cima do joelho ou do telefone, os entendimentos negociais. Os *Incoterms* são convenções que, uma vez aceitas pelas partes contratantes, passam a ter força contratual, com seu significado jurídico precisamente determinado. Muito deve o comércio internacional a esse instrumento de ordenação. Nele o exportador ou o importador vai encontrar a palavra ou a expressão exatas para empregar em seu contrato, sua carta ou telex, ou mais ainda, a cláusula para inserir no contrato.

O objetivo dos *Incoterms* é estabelecer uma série de regras internacionais para interpretar os principais termos usados nos contratos de compra e venda internacional. Destina-se ao uso facultativo das empresas que atuam no comércio internacional, que preferem a certeza de regras internacionais uniformes à incerteza da diversidade de acepções atribuídas aos mesmos termos, nos vários países.

Os *Incoterms* são verdadeiras cláusulas contratuais padronizadas, que permitem às partes referir-se a um conjunto preestabelecido de regras, a serem incorporadas a seus contratos. Como não há leis impositivas internacionais, e, na maioria dos países, os *Incoterms* não são regulados por lei interna, essas cláusulas não passam a vigorar automaticamente. As partes precisam adotá-las expressamente, mas, uma vez adotadas, essas cláusulas se tornam obrigatórias, tenham ou não as partes notícia pormenorizada e compreensão do teor de cada regra.

As partes intervenientes nesses contratos frequentemente desconhecem as diferenças existentes entre as praxes comerciais de seus respectivos países. No comércio internacional esta falta de uniformidade é constante fonte de atritos, provocando desentendimentos, questões e sentenças judiciais, com todo desperdício de tempo e dinheiro que acarretam.

12.2 A elaboração

Os *Incoterms* foram elaborados pela Câmara de Comércio Internacional, entidade sediada em Paris, e publicados em 1936, em uma brochura denominada "Rules for Interpretation of Trade Terms". Essa brochura definia os principais termos usados no comércio internacional, reduzidos a simples siglas que retratam as obrigações do vendedor e do comprador e o momento em que deverão ser cumpridas. A aceitação dos *Incoterms* foi imediata, definida e definitiva, instituindo-se no mundo inteiro. Foi ainda ampliada e aperfeiçoada com nova publicação em 1953, sendo então conhecidos como "*Incoterms* — 1953", que vigoram até hoje. Em 1941, os EUA publicaram um código semelhante, mais amplo e minucioso, com base nos *Incoterms*, denominado "Revised American Foreign Trade Definitions — 1941". Entretanto, os "*Incoterms* — 1953" ainda hoje são adotados pelas empresas americanas nas operações de compra e venda internacional.

Com o propósito de colocar à disposição das empresas um meio de superar as mais graves causas desses atritos, a Câmara de Comércio Internacional publicou a série de normas para a interpretação dos referidos termos. A real utilidade dos *Incoterms* é demonstrada pela sua plena aceitação e aplicação após mais de meio século. A importância das regras uniformes para a interpretação dos termos e cláusulas-padrão, utilizados no comércio internacional, é reconhecida por exportadores e importadores, que buscam definições claras de seus diretos e obrigações nas operações internacionais. Assim, as empresas têm estipulado em seus contratos de compra e venda que eles são regidos pelos "*Incoterms* - 1953".

12.3 Os *Incoterms* - 1953

Os *Incoterms* não são muitos, sendo catorze os oficialmente adotados, mas apenas dez têm sido usados. No Brasil, por exemplo, apenas três *Incoterms* são utilizados comumente: FOB, C & F e CIF pelos exportadores, e FOB e C & F pelos importadores. Uma característica deles é a de que o primeiro encerra muitas obrigações para o importador e poucas para o exportador; a carga das obrigações vai caindo para o comprador e incidindo sobre o vendedor, numa escala. São os seguintes os principais *Incoterms* até agora estabelecidos pela Câmara de Comércio Internacional:

- EXW — *Ex Work* (na fábrica);
- FOR — FOT — FOA — FOR - *Free on Rail* (livre no trem), FOT
- *Free on Truck* (livre no caminhão), FOA — *Free on Airport* (livre no aeroporto);
- FAS — *Free Alongside Ship* (livre no costado do navio);
- FOB — *Free on Board* (livre posto a bordo);
- C & F — *Cost and Freight* (custo e frete);
- CIF — *Cost, Insurance and Freight* (custo, seguro e frete);
- C & I — *Cost and Insurance* (custo e seguro);
- EXS — *Ex Ship* (no navio);
- EXQ — *Ex Quai* (no cais do destino).

12.4 Os *Incoterms* - 1990

Criados em 1936 e revisados diversas vezes, tendo predominado durante várias décadas a versão de 1953. Por essa razão, é comum indicar a expressão *Incoterms* — 1953. Em 1990, porém, a CCI publicou nova brochura, adotando um novo conjunto de cláusulas, que é referido como *Incoterms* — 1990. A versão de 1953 é ainda adotada, sendo pois conveniente apontar no *Incoterms* qual seja a versão: a de 1953 ou a de 1990. Não há muitas modificações, mas foram reduzidos de catorze para treze e adotadas novas siglas. Algumas foram mantidas, aliás, as principais: FAS, FOB e CIF. Outras mudaram as siglas, mas não o conjunto de obrigações.

Um novo foi criado: o DAF (*delivered at frontier*). Acreditamos que tenha exercido influência para a criação dessa nova sigla a União Européia. Consoante a cláusula DAF, o vendedor deverá entregar a mercadoria no local combinado, junto à fronteira do país do vendedor com o comprador, mas do lado do vendedor, ou seja, antes da divisa aduaneira. A partir deste momento, toda a responsabilidade, seja por despesas, seja por perdas e danos, fica a cargo do comprador. É aplicável no caso de transporte rodoviário e ferroviário. É semelhante ao FAS, só que este é aplicado no transporte marítimo.

As treze siglas dos *Inconterms* - 1990 são:
1. EXW — *Ex Work*;
2. FCA — *Free Carrier* (livre no local designado);
3. FAS;
4. FOB;
5. CFR — *Cost and Freight* (antigo C & F);
6. CIF;
7. CPT — *Carriage paid to* (transporte pago até o lugar do destino);
8. CIP — *Carriage and insurance paid to* (transporte e seguro pago até o lugar do destino) (antigo C & I);
9. DAF — *Delivered at Frontier* (entregue no navio, no porto de destino designado);
10. DES — *Delivered ex quai-duty paid* (entregue no cais no país do comprador, com direitos pagos - no porto de destino designado);
11. DDU — *Delivered duty paid* (entregue com direitos pagos, no local de destino designado);
12. DDP — *Delivered duty paid* (entregue com direitos pagos, no local de destino designado).

12.5 EXW (*Ex work*)

A expressão *ex work* quer dizer exatamente "na fábrica", mas poderá ser no frigorífico, na plantação, no graneleiro, no armazém, no moinho. Enfim, é no local em que a mercadoria estiver estocada para ser entregue ao comprador. O EXW inicia o ciclo em que as obrigações do vendedor são mínimas: só lhe cabem responsabilidades enquanto a mercadoria ainda estiver em suas mãos.

Obrigações do vendedor:
1. Colocar a mercadoria à disposição do comprador no prazo contratual, no local indicado ou habitualmente usado para entrega desta mercadoria e para seu carregamento pelo veículo de transporte do comprador.
2. Fornecer, se for preciso e por conta própria, a embalagem necessária ao recebimento da mercadoria pelo comprador.
3. Informar ao comprador, com a devida antecedência, a data em que a mercadoria estará à disposição deste.
4. Entregar a mercadoria ao comprador, de acordo com o contrato de venda, acompanhada das provas nele previstas. O documentário fica por conta do comprador, mas os documentos referentes à venda só podem ficar a cargo do vendedor. É o caso das provas da venda, equivalente à nossa nota fiscal, e da Guia de Exportação.
5. Suportar o custo das verificações, como a verificação de qualidade, medição, pesagem, contagem, necessárias para colocar a mercadoria à disposição do comprador.
6. Assumir todos os riscos e despesas com a mercadoria até ser posta à disposição do comprador no prazo contratual. A mercadoria deverá estar devidamente individualizada, isto é, claramente separada, ou de qualquer outra forma identificada como a mercadoria objeto do contrato.
7. Prestar ao comprador, quando solicitada e por conta e risco dele, toda a assistência em obter quaisquer documentos emitidos no país de entrega e/ou origem, de que o comprador possa necessitar para os fins de exportação e/ou importação, e, sendo o caso, para passagem em trânsito por outro país.

O comprador obriga-se:
1. Receber a mercadoria logo que seja posta à sua disposição no local e prazo estipulados no contrato, e pagar o preço contratual.
2. Assumir todas as despesas e riscos com a mercadoria a partir do momento em que foi posta à sua disposição, e suportar

quaisquer impostos e taxas que possam ser cobrados em decorrência da exportação.
3. Caso tenha reservado um prazo para recebimento da mercadoria, e/ou o direito de escolher o local da entrega e deixado de dar instruções com a devida antecedência, assumir os riscos da mercadoria.

Pagar todos os custos e gastos decorrentes da obtenção do documentário.

Note-se que os *Incoterms* definem as obrigações de modo tão claro e preciso quando possível. Como exemplo, podemos ver as obrigações do vendedor, que são mínimas; é só entregar a mercadoria. Todavia, essa única obrigação é minuciosamente descrita e esclarecida, de modo a não oferecer qualquer dúvida.

12.6 FOR – *Free on rail* – FOT – *Free on truck* – FOA – *Free on airport*

Englobaremos esses três *Incoterms* num só, pois os efeitos são os mesmos. A diferença está no tipo de transporte utilizado para o despacho da mercadoria. *Free on rail* significa "posta livre no vagão", ou na estação da estrada de ferro. Aplica-se, portanto, ao transporte ferroviário. *Free on truck* significa "posta livre no caminhão"; aplica-se ao transporte rodoviário. *Free on airport* significa "posta livre no aeroporto"; aplica-se, então, ao transporte aéreo.

Notaremos que nesses casos aumenta um pouco a gama de obrigações do vendedor, pois é ele que se encarrega do transporte da mercadoria até a estrada de ferro. Tratando-se de contrato FOT e o caminhão do comprador ingressar no depósito do vendedor, este é responsável pela colocação da mercadoria no caminhão, o que não ocorreria com o contrato EXW.

Obrigações do vendedor:
1. Colocar a mercadoria no vagão, caminhão ou avião de acordo com o contrato, com os documentos da venda como a Guia de

Exportação. Por solicitação e por conta do comprador, o vendedor fornecerá ainda o *origin certificate* (certificado de origem).
2. No caso de a mercadoria constituir o carregamento de um vagão ou possuir peso suficiente para obter a tarifa aplicada à carga do vagão completo, o vendedor requisitará à estrada de ferro um vagão do tipo e dimensões adequadas. O vagão deverá estar equipado, quando necessário, com encerados, e carregá-lo por sua conta na data e no período fixado. A requisição e o carregamento serão feitos obedecendo aos regulamentos da estrada de ferro ou da empresa de transporte rodoviário.
3. No caso de uma carga menor do que a capacidade de um vagão ou de peso insuficiente para obter tarifa de frete aplicável ao carregamento do vagão completo, deverá entregar a mercadoria à guarda da estrada de ferro, na estação do despacho da mercadoria. Se tais facilidades estiverem incluídas na tarifa de frete, em veículo fornecido pela estrada de ferro, na data ou no prazo fixado, deverá também entregar a mercadoria à guarda da estrada de ferro, a menos que o regulamento da transportadora exija do vendedor a mercadoria no vagão.

Fica entendido, contudo, que se existirem várias estações no ponto de partida, o vendedor poderá escolher a que melhor atenda aos seus interesses, desde que a estação escolhida aceite a mercadoria para o destino indicado pelo comprador, salvo se este se reservar o direito de escolher a estação do despacho.
4. Assumir todas as despesas e riscos da mercadoria até que o vagão em que for carregada seja entregue à guarda da estrada de ferro.
5. Fornecer, por conta própria, a embalagem usual da mercadoria, salvo se for costume despachá-la sem embalagem.
6. Pagar o custo de quaisquer verificações, como a da qualidade, medição, pesagem, contagem, necessárias para carregar a mercadoria à guarda da estrada de ferro.
7. Avisar, sem demora, ao comprador que a mercadoria foi carregada ou entregue à estrada de ferro.
8. Fornecer ao comprador alguns documentos que compõem o documentário, como o *origin certificate* (certificado de origem) e a Guia de Exportação. Prestar ao comprador, quando solicitada

e por conta e risco dele, toda assistência em obter quaisquer documentos emitidos no país da origem da mercadoria ou em que deverá ser despachada, que o comprador possa necessitar para fins de exportação e/ou importação, e, sendo o caso, para passagem em trânsito por outro país. Por exemplo: se a mercadoria despachada em São Paulo para a Argentina tiver que passar pelo Paraguai.

Obrigações do comprador:
1. Dar ao vendedor, com a devida antecedência, as instruções necessárias para o despacho da mercadoria.
2. Receber a mercadoria a partir do momento em que for carregada ou entregue à guarda da estrada de ferro, e pagar o preço contratual.
3. Assumir todos os custos e riscos da mercadoria, como o aluguel do encerado, a partir do momento em que o vagão, no qual a mercadoria for embarcada, estiver entregue à guarda da estrada de ferro.
4. Suportar quaisquer impostos e taxas que possam ser cobradas em decorrência da exportação.
5. Caso tenha reservado um prazo dentro do qual dará o vendedor instruções para o despacho e deixado de dá-las com a devida antecedência, assumir as despesas adicionais que disto resultar. Assumir, neste caso, também os riscos da mercadoria desde o momento do término do prazo fixado.
6. Pagar todos os custos e gastos decorrentes da obtenção do documentário, incluindo aqueles que tiverem contado com a colaboração do vendedor, como o conhecimento de transporte e os consulares.

12.7 FAS – *Free alongside ship*

Free alongside ship significa "colocado no costado do navio", ou mais precisamente, no porto de embarque indicado. O vendedor deverá colocar a mercadoria nos trapiches, nos armazéns de depósito situados no porto em que a mercadoria deverá ser embarcada, devidamente livre para o embarque.

Obrigações do vendedor:
1. Entregar a mercadoria no costado do navio, ao comprador, de acordo com o contrato, acompanhada das provas nele previstas.
2. Colocar a mercadoria no costado do navio, no local do carregamento indicado pelo comprador, e no ponto de embarque designado, da forma nele habitual, na data ou dentro do prazo estipulado, e notificar o comprador, sem demora, de que a mercadoria foi colocada à sua disposição.
3. Prestar ao comprador, quando solicitada e por conta e risco dele, toda a assistência em obter a licença de exportação, ou outra autorização do Poder Público necessária à exportação da mercadoria.
4. Assumir todos os custos e riscos da mercadoria até o momento em que seja efetivamente colocada no costado do navio no porto de embarque indicado, incluindo os gastos de quaisquer formalidades que devam ser preenchidas para colocar a mercadoria ao lado do navio.
5. Fornecer, por conta própria, a embalagem usual da mercadoria, a menos que seja costume comercial embarcá-la sem embalagem.
6. Pagar custo de quaisquer verificações, como as de qualidade, medição, pesagem e contagem, necessárias para colocar a mercadoria no costado do navio.
7. Fornecer, por sua conta, o usual documento probatório de que a mercadoria foi colocada livre no costado do navio, neste caso o *clean bill of lading*, bem como o certificado de origem (*origin certificate*).
8. Prestar ao comprador, quando solicitada e por conta e risco dele, toda assistência em obter quaisquer documentos emitidos no país do vendedor, como o *bill of lading* e documentos consulares, dos quais possa o comprador necessitar para importação da mercadoria e posse dela.

Obrigações do comprador:
1. Informar ao vendedor, com a devida antecedência, o nome do navio, local do carregamento e a data de embarque.
2. Assumir todos os custos e riscos da mercadoria e despesas adicionais, desde o momento em que tenha sido efetivamente

colocada no costado do navio, à disposição do comprador. Pagar o preço no prazo contratual.
3. Pagar todos os custos e despesas decorrentes da obtenção do certificado de origem e do *clean bill of lading*.
4. Assumir qualquer custo adicional decorrente de omissão sua na indicação dos dados referentes ao navio que transportará a mercadoria.

12.8 FOB

Free on board significa "posta livre no navio". É um passo adiante do FAS, uma vez que agora a mercadoria deve ser colocada a bordo do navio, ou seja, a responsabilidade do vendedor termina quando a mercadoria transpõe a amurada do navio. O embarque da mercadoria, do porto para o navio, ainda fica por conta do vendedor. As obrigações do vendedor quase que equivalem às do comprador.

Obrigações do vendedor:
1. Entregar a mercadoria, colocada a bordo do navio indicado pelo comprador, no porto de embarque combinado, da forma habitual neste porto, na data ou dentro do prazo estipulado, e notificar o comprador, sem demora, de que a mercadoria foi posta no navio, à disposição do comprador.
2. Obter por usa conta e risco a Guia de Exportação ou outra autorização governamental necessária para a exportação da mercadoria.
3. Assumir todos os custos da mercadoria até o momento em que ela tenha efetivamente ultrapassado a amurada do navio, no porto indicado. Assume também o pagamento de quaisquer taxas, despesas e emolumentos cobrados em decorrência da exportação, bem como os custos de quaisquer formalidades que devem ser cumpridas, tendo em vista colocar a mercadoria a bordo.
4. Fornecer por conta própria a embalagem usual da mercadoria, a menos que seja costume comercial embarcá-la sem embalagem.

5. Pagar os custos das verificações de qualidade, medição, pesagem, contagem, necessárias para entregar a mercadoria.
6. Fornecer por sua conta, além dos documentos da venda, o *clean bill of lading*, probatório da entrega da mercadoria a bordo do navio indicado.
7. Fornecer, por solicitação do comprador e por conta dele, o certificado de origem (*origin certificate*).
8. Prestar ao comprador, quando for solicitada e por conta e risco dele, toda a assistência em obter o *bill of lading* e demais documentos emitidos no país do vendedor, dos quais o comprador possa necessitar para a importação da mercadoria no país do comprador.

   Obrigações do comprador:
1. Afretar, por conta própria, um navio ou reservar a necessária praça, e informar ao vendedor, com a devida antecedência, o nome, local de embarque e data em que a mercadoria deverá ser posta s bordo do navio.
2. Assumir todos os custos e riscos da mercadoria desde o momento em que ela tiver efetivamente ultrapassado a amurada do navio no porto de embarque indicado. PAGAR O PREÇO CONTRATUAL.
3. Assumir os custos adicionais decorrentes do fato de não ter o navio indicado pelo comprador chegado na data estipulada, ou de não ter recebido ou embarcado a mercadoria no prazo previsto.
4. Assumir ainda os custos adicionais ocasionados por não ter informado com antecedência o nome do navio, o prazo para embarque e outros dados referentes ao transporte.
5. Pagar todos os custos e gastos para obtenção do *bill of lading* (conhecimento de transporte), do *origin certificate* (certificado de origem) e outros documentos que lhe caberiam, mas que tenha solicitado ao vendedor.

12.9 CIF

Chegamos à mais polêmica das cláusulas contratuais representadas pelos *Incoterms*. Entram em jogo num contrato sob a cláusula CIF os fatores que mais pesam nos gastos de uma venda internacional: os custos, o transporte e o seguro. Tratando-se de transações internacionais de transferência de mercadorias, a questão do transporte e do seguro assume papel de primordial importância. Muitas vezes, a mercadoria exportada fica sujeita a três tipos de transporte: rodoviário, ferroviário e marítimo. Nas operações de embarque e desembarque, estará ela em risco de avaria ou desvio, dificultando ou impossibilitando seu recebimento pelo comprador. Imprescindível, pois, que esteja coberta por uma apólice de seguro (*insurance policy*). A contratação do seguro pode ficar a cargo de qualquer das partes, o vendedor ou o comprador. Se prevalecer a cláusula CIF, caberá então essa incumbência ao vendedor. O seguro é de preço bem caro, razão pela qual o vendedor deverá incluí-lo no preço para o transporte do total da venda.

Embora haja seguro para o transporte rodoviário e ferroviário, o principal deles é o marítimo. O seguro de que trata o contrato com cláusula CIF deve ser lastreado por apólice de seguro (*insurance policy*) transferível, cobrindo os riscos do transporte. O seguro será contratado com empresas seguradoras de bom conceito. Os *Incoterms* — 1953 são complementados por um anexo com o título "condições de Seguros", um tipo de regulamento para o contrato de seguro, elaborado pelo Instituto de Seguradores de Londres. O contrato de seguro, elaborado pelo ISL, deverá prever as condições adotadas pelo referido anexo. Se possível, o seguro deverá ser feito na moeda contratual. Salvo o acordo em contrário, os riscos do transportador não compreenderão os riscos especiais pertencentes a certos ramos da atividade empresarial e certos tipos especiais de seguros, como os de roubo, furto, derrame, quebra, rachadura, umidade, contratos com outras cargas. Quando solicitado pelo comprador, o vendedor poderá obter por conta daquele, o seguro de guerra na moeda do contrato, se possível.

No que tange ao transporte internacional, o principal documento é o conhecimento de transporte (*bill of lading*), mas neste caso é o conhecimento de transporte sem ressalva, o *clean bill of lading*, um conhecimento que não contém cláusulas superpostas declarando expressamente uma condição defeituosa da mercadoria ou da embalagem. Há cláusulas que não convertem o conhecimento de transporte sem ressalva ou outro com ressalva. São elas: a) cláusulas que não consignem expressamente que a mercadoria ou a embalagem estão defeituosas, como, por exemplo, "caixas de segunda mão"; b) cláusulas que excluem a responsabilidade do transportador pelos riscos decorrentes da natureza da mercadoria ou da embalagem; c) cláusulas pelas quais o transportador declara desconhecer o conteúdo, peso, medida, qualidade e especificações técnicas da mercadoria.

Obrigações do vendedor:
1. Entregar a mercadoria e as provas de sua venda, de conformidade com o contrato de venda.
2. Contratar, nas condições usuais, por conta própria, o transporte da mercadoria para o porto do destino convencionado, pela rota normal em navio transoceânico (não pode ser veleiro), do tipo habitualmente utilizado para o transporte de mercadorias do gênero especificado no contrato, e pagar o frete e qualquer outra despesa do desembarque no porto da descarga, que possam ser cobrados pelas linhas regulares de navegação, na ocasião e no porto de embarque.
3. Obter por sua conta e risco, a Guia de Exportação ou outra autorização governamental necessária para a exportação da mercadoria.
4. Carregar a mercadoria, por sua conta, a bordo do navio, no porto de embarque, na data ou dentro do prazo convencionado e notificar o comprador, sem demora, de que a mercadoria foi colocada a bordo do navio. Caso não haja data ou prazo estipulado, carregá-la dentro de um período razoável.
5. Fornecer, por sua conta, a apólice de seguro nas condições estabelecidas pelo Instituto dos Seguradores de Londres, de 1º.1.1963 e da União Internacional de Seguros Marítimos. Fizemos anteriormente considerações sobre a apólice de seguro.
6. Assumir todos os riscos da mercadoria até o momento em que ela tiver efetivamente ultrapassado a amurada do navio, no porto de embarque.

7. Fornecer ao comprador, por conta própria e sem demora, o conhecimento de embarque livre (*clean bill of lading*), negociável, para o porto de destino convencionado, bem como a fatura da mercadoria embarcada e a apólice de seguro.
8. Fornecer, por sua conta, a embalagem usual da mercadoria, a menos que seja costume comercial embarcá-la sem embalagem.
9. Pagar o custo das verificações, tais como de qualidade, medição, pesagem, contagem, necessárias para embarcar a mercadoria.
10. Pagar todos os impostos e taxas que incidem sobre a mercadoria até o momento de seu embarque, inclusive impostos, emolumentos ou despesas cobradas em decorrência da exportação, bem como os custos de quaisquer formalidades que devem ser cumpridas para colocar a mercadoria a bordo.
11. Fornecer, a pedido do comprador e por conta dele, o certificado de origem e documentos consulares.
12. Prestar ao comprador, quando solicitada e por conta dele, toda a assistência em obter quaisquer documentos emitidos no país do vendedor, dos quais o comprador possa necessitar para a importação da mercadoria no país de destino.

Obrigações do comprador:
1. Aceitar o documentário, se estiver conforme o contrato, e pagar o preço combinado no contrato.
2. Receber a mercadoria no porto do destino convencionado e suportar, com exceção do frete e do seguro marítimo, todos os custos e despesas incorridas pelas mercadorias durante a viagem por mar, até a chegada ao porto do destino, bem como os custos de desembarque.
3. Assumir todos os riscos da mercadoria a partir do momento em que ela efetivamente ultrapassar a amurada do navio, no porto de embarque.
4. Caso tenha reservado um prazo dentro do qual a mercadoria deva ser embarcada e/ou o direito de escolher o porto de destino e, entretanto, deixar de dar instruções, com a devida antecedência, assumir o custo adicional disto decorrente e todos os riscos da mercadoria a partir da data da expiração

do prazo fixado para embarque, contanto que esteja devidamente individualizada, isto é, claramente separada ou de outra forma identificada como a mercadoria objeto do contrato.
5. Pagar todos os custos e despesas decorrentes da obtenção do certificado de origem e documentos consulares, tirados pelo vendedor, mas a pedido do comprador, bem como outros documentos que tiver solicitado, emitidos no país do vendedor, mas dos quais possa necessitar para a importação da mercadoria no país de destino.
6. Pagar todos os impostos de importação, bem como quaisquer outros impostos ou taxas devidas durante a importação, ou em razão dela.
7. Providenciar e obter por sua conta de risco a guia de importação ou documentos semelhantes que possa necessitar para a importação da mercadoria no lugar de destino.

12.10 C & F

C & F - *Cost and Freight* - custo e frete - alivia bem mais a carga de atribuições do vendedor em comparação com o CIF, pois a responsabilidade do seguro, que é bastante séria, embora lhe caiba a responsabilidade do frete, que também é séria. Vem agora o ciclo em que pesa mais o conjunto de atribuições e responsabilidades do vendedor, que já tinha sido começado com o CIF.

Obrigações do vendedor:
1. Entregar a mercadoria de acordo com o contrato de venda, acompanhada das provas da venda.
2. Contratar nas condições usuais, por conta própria, o transporte da mercadoria para o porto de destino convencionado, por rota normal, em navio transoceânico (não pode ser veleiro), do tipo habitualmente usado para transporte de mercadoria do gênero especificado no contrato, e pagar o frete e quaisquer outras despesas de desembarque no porto de descarga, que possam ser cobrados pelas linhas regulares de navegação, na ocasião e no porto de embarque.

3. Obter, por sua conta e risco, a Guia de Exportação ou outra autorização governamental necessária para a exportação da mercadoria.
4. Carregar a mercadoria, por sua conta, a bordo do navio, no porto de embarque, na data ou dentro do prazo convencionado e notificar o comprador, sem demora, de que a mercadoria foi colocada a bordo do navio. Caso não haja data ou prazo estipulado, carregá-la dentro de um prazo razoável.
5. Assumir todos os riscos da mercadoria até o momento em que ela tiver efetivamente ultrapassado a amurada do navio no porto de embarque.
6. Fornecer ao comprador, por conta própria e sem demora, o *clean bill of lading* (conhecimento de transporte sem ressalva), negociável para o porto de destino convencionado, bem como a fatura da mercadoria embarcada.
7. Fornecer por sua conta a embalagem usual da mercadoria, a menos que seja costume comercial embarcá-la sem embalagem, e a pedido do comprador e por conta dele o certificado de origem e a fatura consular.
8. Pagar o custo das operações de verificação de qualidade, medição, pesagem, contagem, necessárias para embarcar a mercadoria. Pagar também os impostos e taxas que incidem sobre a mercadoria até o momento do seu embarque, como impostos, emolumentos ou despesas cobradas em decorrência da exportação, bem como os custos de quaisquer formalidades que devam ser cumpridas para colocar a mercadoria a bordo.
9. Prestar ao comprador, quando solicitado e por conta dele, toda a assistência em obter quaisquer outros documentos, emitidos no país de embarque e/ou origem, dos quais o comprador possa necessitar para a importação da mercadoria no país de destino.

Obrigações do comprador:
1. Aceitar o documentário quando for apresentado pelo vendedor, se estiverem de acordo com o contrato de venda. Pagar o preço da mercadoria importada.

2. Receber a mercadoria no porto de destino convencionado e suportar, com exceção do frete, todos os custos e despesas incorridos pela mercadoria durante a viagem pelo mar até sua chegada ao porto de destino, bem como os custos de desembarque.
3. Assumir todos os riscos da mercadoria a partir do momento em que ela efetivamente ultrapassar a amurada do navio, no porto de embarque. Assumir também os custos e despesas decorrentes da obtenção do certificado de origem e documentos consulares, e decorrentes dos impostos e taxas de importação.
4. Providenciar e obter por sua conta e risco a licença de importação ou documento semelhante que possa necessitar para a importação da mercadoria no destino.
5. Pagar as despesas e custos decorrentes da obtenção de documentos obtidos pelo vendedor, a pedido do comprador.

12.11 C & I

A cláusula C & I (cost and insurance) é semelhante à CIF, mas sem o frete. É também semelhante à C & F, mas em lugar do frete, o vendedor ocupa-se do seguro.

12.12 EXS

Essa sigla designa o tipo de contrato em que a gama de obrigações do vendedor situa-se na penúltima escala. Suas responsabilidades só terminam quando a mercadoria já estiver a bordo do navio que a levará ao porto do destino. As obrigações do comprador começam então, ou seja, quando a mercadoria já estiver no navio que a entregará.

Obrigações do vendedor:
1. Entregar a mercadoria de acordo com o contrato, acompanhada das provas da venda, de conformidade com o contrato.

2. Colocar a mercadoria efetivamente à disposição do comprador, na data prevista no contrato, a bordo do navio, no porto convencionado.
3. Assumir todas as despesas e riscos da mercadoria até o momento em que tenha sido posta à disposição do comprador devidamente em ordem.
4. Pagar o custo das verificações da qualidade, medição, pesagem, contagem, necessárias para colocar a mercadoria à disposição do comprador.
5. Avisar ao comprador, por conta própria e sem demora, a data prevista para a chegada do navio indicado e fornecer-lhe, com a devida antecedência, o conhecimento de embarque (*bill of lading*) e os demais documentos necessários ao comprador, para que este possa entrar na posse da mercadoria. Fornecer, a pedido do comprador e por conta dele, o certificado de origem e a fatura consular.
6. Prestar ao comprador, quando solicitada e por conta e risco dele, toda a assistência em obter o conhecimento de embarque (*bill of lading*) e demais documentos emitidos no país do vendedor, dos quais o comprador possa necessitar para a importação da mercadoria no seu país.

Obrigações do comprador:
1. Receber a mercadoria desde o momento em que tenha sido posta à sua disposição na data prevista no contrato, a bordo do navio. O momento em que deverá entrar na posse da mercadoria que importou é geralmente quando o navio encostar no porto de destino.
2. Assumir todos os riscos e despesas da mercadoria desde o momento em que ela estiver à sua disposição e suportar todas as despesas e gastos efetuados pelo vendedor para a obtenção de alguns documentos pedidos pelo comprador, como o conhecimento de transporte.
3. Obter, por sua conta e risco, todas as licenças e o documentário exigido para a importação e desembarque da mercadoria.
4. Suportar todas as despesas e gastos com impostos de importação e retirada da alfândega e todos os demais direitos e

taxas devidas na ocasião ou em razão da importação ou descarga da mercadoria.

12.13 EXQ

O EXQ - *ex quai* - no cais é o oposto ao EXW - *ex work*. Com esta cláusula, quase tudo fica por conta do vendedor, até mesmo quando a mercadoria já estiver no país do comprador. Só cessa a responsabilidade do vendedor quando a mercadoria for descarregada do navio e estiver no cais do país a que foi destinada.

Obrigações do vendedor:
1. Entregar a mercadoria de acordo com o contrato de venda, acompanhada do documentário.
2. Colocar a mercadoria à disposição do comprador no cais do porto de desembarque, no prazo contratual.
3. Fornecer o documentário por sua conta e risco e suportar o custo de impostos e taxas, emolumentos ou despesas devidos, de tal forma que, com o documentário em mão, esteja o comprador apto a retirar a mercadoria do cais.
4. Fornecer por conta própria o acondicionamento e a embalagem habitual da mercadoria, conforme sua natureza e forma de retirada do cais. Por exemplo: se a mercadoria for um *conteiner*, o acondicionamento dela deve ser cuidado pelo vendedor nesse *conteiner*, que deverá ser entregue ao comprador.
5. Pagar o custo de qualquer verificação, como de qualidade, medição, pesagem, contagem, necessárias para colocar a mercadoria à disposição do comprador no cais do desembarque.

O comprador obriga-se:
1. Receber a mercadoria logo que esta transpuser a amurada do navio e estiver no porto do destino.
2. Assumir os riscos e despesas da mercadoria desde o momento em que tenha sido efetivamente posta à sua disposição, desde que de conformidade com o contrato.

Os contratos EXQ apresentam, porém, duas variantes: o EXQ (*duty paid*) e o EXQ (*duties on buyer's account*).

O EXQ - *duty paid* (custas pagas) - representa o ponto máximo do conjunto de obrigações a cargo do vendedor. Paga ele até mesmo o imposto de importação adotado no país em que será desembarcada a mercadoria.

O EXQ - *duties on buyer's account* (impostos por conta do comprador) - implica no pagamento do imposto de importação pelo próprio importador.

A cláusula EXQ deve ser sempre indicada com sua variante, pois sua omissão provocará divergência de interpretação, o que contraria o espírito dos *Incoterms*.

Outrossim, em vez de *ex work*, pode ser indicado um local mais específico para o local da mercadoria: *ex mill*, se o estabelecimento do vendedor for um moinho; *ex plantation*, se for um estabelecimento agrícola; *ex warehouse*, se for um armazém; *ex factory*, se for uma fábrica.

13. REGIME JURÍDICO DO ESTRANGEIRO NO BRASIL

13.1 A condição de estrangeiro
13.2 Condição jurídica do asilado
13.3 Os direitos e deveres do estrangeiro
13.4 O regime especial dos portugueses
13.5 Infrações à Lei do Estrangeiro
13.6 A imigração
13.7 Impedimentos à imigração

13.1 A condição de estrangeiro

Perante o Direito nacional, estrangeiro é a pessoa que vive no Brasil, mas é nascida e registrada em outro país, conservando a nacionalidade originária. O termo origina-se de *extraneus* = de fora, designando, pois, etimologicamente, alguém que vem de fora. De outra forma, podemos dizer que estrangeiro é quem não é brasileiro. Eram chamados de *peregrini* no Direito romano, mas não tinha o mesmo sentido do termo atual. Há muitas modalidades de estrangeiro, de acordo com a finalidade de sua vinda ao Brasil e a Lei do Estrangeiro cataloga sete tipos, a saber: de trânsito, turista, temporário, permanente, de cortesia, oficial e diplomático. Deles devemos traçar algumas considerações.

EM TRÂNSITO - Obtém o visto de trânsito o estrangeiro que, para atingir o país de destino, tenha que entrar no território nacional. Não pretende ele permanecer no Brasil, mas se viu obrigado a uma estada no país, por força das circunstâncias. É o caso de cidadão uruguaio que se dirige a Venezuela, sobrevoando o território brasileiro; é possível que seu avião se veja obrigado a um pouso em território brasileiro, para fazer escala ou para algum reparo. Em casos semelhantes, o transportador deverá comunicar o fato às autoridades brasileiras e o estrangeiro que aqui estiver deverá apresentar os documentos, se pedidos. Se tiver de obter o visto de trânsito, o estrangeiro deverá apresentar o passaporte ou documento equivalente; certificado internacional de imunização, se necessário; e bilhete de viagem para o país de destino. Esses documentos serão apresentados pelo estrangeiro aos órgãos federais competentes, no momento da entrada no território nacional.

TURISTA - É considerado turista o estrangeiro que vier ao Brasil em caráter recreativo ou de visita, sem finalidade imigratória, nem intuito de exercício de atividade remunerada. É pessoa que vem a passeio temporário, fixando o Brasil o prazo em que o turista deverá permanecer. O prazo de validade do visto de turista será de até cinco anos, fixado pelo Ministério das Relações Exteriores, dentro de critérios de reciprocidade, e proporcionará múltiplas entradas no país, com estadas não excedentes a 90 dias, prorrogáveis por igual período, totalizando o máximo de 180 dias por ano. Para a obtenção do visto de turista, o estrangeiro obriga-se a apresentar documentos primordiais: passaporte ou documento equivalente; certificado internacional de imunização, quando necessário; bilhete de passagem para o Brasil.

Há dispensa de visto de turista para estrangeiros oriundos de alguns países. Esses casos tendem a crescer, principalmente com o advento do MERCOSUL. Os turistas desses países não precisarão apresentar bilhete de passagem. Quanto aos países do MERCOSUL, aguardam-se novos acordos.

TEMPORÁRIO - O estrangeiro em trânsito e o turista são também temporários, mas o temporário, propriamente dito, é quem vem com finalidade temporária e deverá sair quando tiver cumprido o objetivo de sua vinda. É o caso do Papa quando veio ao Brasil, dos artistas, dos jogadores de futebol ou bola ao cesto, de estagiário numa empresa ou numa universidade, um executivo ou empresário em viagem de negócios; um professor que venha ministrar curso ou conferência ou realizar estudos, um técnico que venha realizar trabalho de sua especialidade; um jornalista a serviço de seu jornal, revista etc.; um sacerdote, como foi o caso do Papa, às vezes, vem a serviço do próprio governo brasileiro, ou por ele convidado.

Para obter o visto temporário, o estrangeiro deverá apresentar o passaporte, certificado de imunização, atestado de saúde e prova de meios de subsistência; estes comprovarão o motivo de sua vinda ao Brasil. O visto será dado pelo consulado brasileiro do lugar de onde provier o estrangeiro. Os prazos do visto temporário são mais longos do que o de trânsito; no caso de viagem cultural ou missão de estudos é de até dois anos; de viagem de negócios ou para artistas e desportistas é de até 90 dias; para estudante até um ano; para cientista, professor, técnico ou profissional de outra categoria, sob regime de contrato ou serviço do governo brasileiro é de até dois anos; para correspondente de jornal, revista, rádio, TV, ou agência noticiosa estrangeira, é de até quatro anos; para ministro de confissão religiosa, membro de instituto de vida consagrada ou de congregação de ordem religiosa, é de até um ano.

OFICIAL e **DIPLOMÁTICO** - São autoridades de um Estado estrangeiro que vêm ao Brasil em missão oficial, incluindo-se aqui os agentes consulares. A entrada e permanência deles no Brasil é regulamentada por duas convenções internacionais, realizadas em Viena. As Convenções de Viena transformaram-se em leis nacionais. Como se trata de convenções internacionais é questão de Direito Público, que foi tratada em nossa obra "Direito Internacional Público".

13.2 Condição jurídica do asilado

O asilado é um estrangeiro refugiado num país, com autorização deste, por estar sendo perseguido em seu país de origem. O secular direito de asilo está inserido no moderno Direito Internacional e se revela de duas formas. Uma delas expressa o direito de um Estado em acolher em seu território, ou em local por ele designado, pessoas perseguidas em outro Estado. É uma proteção oferecida por um Estado a pessoas necessitadas, muitas vezes em comum acordo com o Estado opressor. O estrangeiro asilado penetra no país com um visto especial. Outra faceta do asilo é a faculdade conferida a um Estado perante outros, de acolher em suas representações oficiais (Embaixada ou Consulado) pessoas que estejam sendo perseguidas ou ameaçadas no país em que se situarem essas representações. Foi o que aconteceu com o golpe militar de 1964: muitas pessoas refugiaram-se na embaixada ou consulado de vários países estrangeiros. Por outro lado, em várias ocasiões, em outros países, houve refúgio de pessoas ameaçadas na embaixada ou consulado do Brasil.

O asilo é concedido ao perseguido por razões políticas e não ao criminoso comum, incurso nas penas do Código Penal do país em que esteja sendo perseguido. O asilado pode ter cometido um crime, mas um crime ideológico, por discordar da orientação política e econômica de seu país ou das autoridades públicas. Muitas vezes, o asilo até atende a pedido do país que esteja exercendo pressão sobre o pretendente a asilo. O governo de um país não tem ordinariamente o interesse de prender ou matar um inimigo político e transformá-lo em mártir. Pede então a outro país que o acolha, resolvendo a situação desagradável do país coator. Em outros casos, o estrangeiro já se encontra no país estranho e sente que o retorno ao seu país poderá colocá-lo em perigo. Atende o asilo, destarte, a razões humanitárias ou à colaboração mútua entre Estados.

Por essa razão, o asilo é recomendado, previsto ou regulamentado pela legislação de quase todos os países. Já era praticado antes mesmo do Império Romano, quando o Direito surgiu. Três importantes convenções internacionais dele se ocuparam especificamente: a de Havana (1928), a de Montevidéu (1933) e a de Caracas (1954). É previsto na Constituição de diversos países, como se vê na Constituição da Itália, no art. 10:

| *Lo straniero, al quale sia impedido nel suo paese l'effetivo esercizio delle libertà democratiche garantite dalla Costituzione italiana, ha diritto d'asilo nel territorio della Republica, secondo le condizione stabilite dalla legge.* | *O estrangeiro, ao qual seja impedido no seu país o efetivo exercício das liberdades públicas garantidas pela Constituição italiana, tem direito ao asilo no território da República, segundo as condições estabelecidas pela lei.* |

Nossa atual Constituição, no art. 4°, inciso X, estabelece que a República Federativa do Brasil rege-se nas suas relações internacionais por vários princípios, entre os quais a concessão de asilo político. Entretanto, prevê no inciso VIII o repúdio ao terrorismo e ao racismo. A concessão de asilo, portanto, atende a razões realmente políticas, como divergência de opiniões, oposição ao governo e ao regime, divergências com pessoas do governo ou problemas afins. O regime jurídico a que fica submetido o asilado ficou delineado nos arts. 28 e 29 da Lei do Estrangeiro e nos arts. 56 e 57 do Decreto que a regulamentou, vale dizer, o Decreto n° 86.715/81.

O Brasil pode, assim, legalmente acolher em seu território, ou nas zonas a ele equiparadas, como em suas águas territoriais ou seus navios de guerra, as pessoas e coisas que julgar oportuno acolher. Ao recebê-las, porém, submete-as à sua regulamentação interna. O estrangeiro admitido no território nacional na condição de asilado político ficará sujeito, além dos deveres que lhe forem impostos pelo Direito Internacional, a cumprir as disposições da legislação vigente e as que o governo brasileiro lhes fixar. Concedido o asilo, a Polícia Federal lavrará termo no qual serão fixados o prazo de estada do asilado no Brasil e, se for o caso, as condições adicionais aos deveres que lhe imponham o Direito Internacional e a legislação vigente a que ficará sujeito. O asilado não poderá sair do país sem prévia autorização do governo brasileiro. A desobediência a essa disposição legal importará na renúncia ao asilo e impedirá o reingresso do estrangeiro no Brasil na condição de asilado.

O direito de asilo, como se vê, é a expressão do princípio da liberdade dos Estados e reafirmação da soberania territorial. Por outro lado, o fato de um Estado hospedar em sua embaixada ou seu consulado um perseguido político lá refugiado é mais uma limitação da liberdade e da soberania desse Estado. Foi o que aconteceu anos atrás em Portugal, quando o Brigadeiro Galvão, um inimigo do regime português, penetrou na legação diplomática do Brasil em Lisboa, disfarçado de verdureiro e lá identificou-se. O Brasil teve que acolhê-lo como asilado, pois é um direito que cabia ao revoltoso lusitano. Por essas razões, o chamado "direito de asilo" aplica-se nessa segunda hipótese. É o direito do asilado. Quanto à faculdade de o Brasil acolher um perseguido político, será um favor que prestará ao pretendente ao asilo e ao país opressor; não é um direito que cabe nem ao Estado nem ao pretendente, mas apenas uma faculdade.

O termo "asilo" é de origem grega, com o significado de "local inviolável". O "Dicionário Caldas Aulete" traz os seguintes sentidos: lugar de refúgio, lugar seguro, abrigado ou secreto, refúgio, guarida, amparo, proteção, abrigo. Como exemplos, podemos citar o asilo que o Brasil concedeu ao deposto Presidente Stroessner, do Paraguai, e ao ex-Presidente da Bolívia, General Garcia Meza. No caso oposto, com o golpe militar de 1964, o Uruguai concedeu asilo ao deposto Presidente do Brasil, João Goulart, e a numerosas outras pessoas. O asilo é concedido a um estrangeiro que sofra pressões de ordem política, como as retromencionadas; não teria sentido a concessão de asilo a um criminoso comum. Seria até um prêmio por um crime.

13.3 Os direitos e deveres do estrangeiro

Trata-se de uma questão muito controvertida, em vista de inúmeros conflitos de leis. Nossa Constituição Federal, por exemplo, diz no art. 5º:

> "Todos são iguais perante a lei, sem distinção de qualquer natureza, garantindo-se aos brasileiros e aos estrangeiros residentes no País a inviolabilidade do direito à vida, à liberdade, à segurança e à propriedade".

Mais adiante, no art. 12, diz: a lei não poderá estabelecer distinção entre brasileiros natos e naturalizados, salvo nos casos previstos nesta Constituição. Por outro lado, vamos encontrar no art. 3º do Código Civil:

> "A lei não distingue entre nacionais e estrangeiros quanto à aquisição e ao gozo dos direitos civis".

Essa igualdade de direitos projeta-se no art. 95 da Lei do Estrangeiro:

"O estrangeiro residente no Brasil goza de todos os direitos reconhecidos aos brasileiros, nos termos da Constituição e das leis".

Apesar de tantas manifestações, o estrangeiro vai encontrar muitas restrições em leis esparsas, afora aquelas da Constituição, que são mínimas. Falamos aqui do estrangeiro imigrante, ou seja, o que se fixou no Brasil. Não pode ser ele proprietário, armador ou comandante de navio nacional, inclusive nos serviços de navegação fluvial e lacustre. Em termos mais amplos, não pode ocupar-se dos transportes marítimos no Brasil. Considera-se transporte marítimo todo transporte sobre água, não apenas no mar, tais como o transporte fluvial e lacustre, bem como o hidroviário, ou seja, sobre canais especialmente preparados para navegação, como o observado em trecho do rio Tietê. Da mesma forma, não pode operar nos transportes aéreos, conforme previsto no Código Brasileiro de Aeronáutica.

Não pode ser proprietário de empresa jornalista de qualquer espécie, e de empresas de televisão e de radiodifusão, sócio ou acionista de sociedade proprietária dessas empresas. Não pode assim ocupar-se de órgãos de comunicação de massa: jornais, revistas, rádio e televisão. Nem mesmo pode ser acionista de uma Sociedade Anônima que se dedique a essa atividade. Pode ser jornalista, funcionário das empresas de comunicação de massa, desde que não seja: responsável, orientador intelectual ou administrativo dessas empresas.

Ao estrangeiro é vedado obter concessão ou autorização para a pesquisa, prospecção, exploração e aproveitamento das jazidas, minas e demais recursos minerais e dos potenciais de energia hidráulica. Liga-se esse assunto ao Código de Mineração (Lei n° 227/67). Na verdade, os recursos minerais constituem monopólio estatal, mas o Estado dá concessão ou autorização para pessoas privadas explorarem esses recursos. Essa faculdade é, porém, negada aos estrangeiros.

Na atividade empresarial são encontradas também algumas restrições. Não pode o estrangeiro exercer funções de despachante aduaneiro, corretor de navios, corretor de fundos públicos, leiloeiro e tradutor público. A função de despachante aduaneiro foi regulamentada pelo Decreto nº 646/92, para ocupar-se do desembaraço de pessoas ou mercadorias nas alfândegas, importadas ou exportadas. Os corretores de navios já tinham sido previstos nos arts. 62 e 63 do Código Comercial, de 1850, e a compra de navios só pode ser realizada por intermédio deles. Leiloeiro é um profissional regulamentado pelo Decreto nº 21.981/32, que, no art. 2º, alínea "a", exige que seja cidadão brasileiro. Entendemos que o brasileiro naturalizado possa exercer essa função, pois não deixa de ser um cidadão brasileiro. Não há regulamentação especial para o corretor de fundos públicos, os valores mobiliários pertencentes ao Erário. A negociação desses títulos fica a cargo das sociedades distribuidoras e corretoras de valores mobiliários; essas sociedades deverão ser forçosamente de controle de brasileiros, não podendo um estrangeiro ser nem mesmo acionista delas. Outra profissão vedada a estrangeiro é a de tradutor público, nela compreendida a de intérprete, de regulamento estabelecido pelo Decreto nº 13.609/43. Diz o art. 3º, alínea "a", desse Decreto, que precisa ser cidadão nato ou naturalizado. A função de leiloeiro, regulada pelo Decreto nº 21.981/32, exige que ele seja brasileiro e esteja no gozo dos direitos civis e políticos.

Outro aspecto atingindo o estrangeiro é no que tange à aquisição de imóveis rurais. Estrangeiro não pode ser latifundiário, só lhe sendo reservado um imóvel de restritas dimensões. A questão foi prevista pela Lei nº 5.709/71, e pelo Decreto nº 74.965/74 que a regulamentou. O estrangeiro residente no Brasil e a pessoa jurídica estrangeira autorizada a funcionar no Brasil só poderão adquirir imóvel rural que não exceder a 50 módulos de exploração definida, em área contínua ou descontínua. Os módulos têm tamanho variável, de acordo com a região, mas, de qualquer forma, os imóveis que podem ser adquiridos por estrangeiros terão limites legais. Aplica-se essa exigência também a empresas brasileiras das quais faça parte pessoa estrangeira, quer física quer jurídica. Mesmo assim precisará de autorização ou licença para a aquisição, se o imóvel for superior a três módulos. Há ainda restrições de ordem coletiva. No caso de um loteamento rural, realizado por empresas de colonização, a ocupação e aquisição de, no mínimo, 30% da área total serão feitas obrigatoriamente por brasileiros. As empresas que se dedicarem a loteamento rural, que explorem diretamente áreas rurais, ou que sejam proprietárias de imóveis rurais não vinculados às suas atividades estatutárias, como foi dito, o estrangeiro não poderá fazer parte do quadro de acionistas dessas empresas. Por menor que seja o imóvel, mas situado em área considerada indispensável à segurança nacional, só poderá ser adquirido por pessoa física ou jurídica estrangeira, mediante assentimento prévio do Conselho de Segurança Nacional.

Não podem participar da administração ou representação de sindicato ou associação profissional, bem como de entidade fiscalizadora do exercício de profissão regulamentada. Será o caso, por exemplo, da OAB, que não poderá ter dirigente estrangeiro. Aliás, a restrição ao estrangeiro chega ao ponto de não poder ser nem mesmo capelão das Forças Armadas e estabelecimentos de internação coletiva; nesse último tipo de estabelecimento, entendemos incluir como exemplo a Casa de Detenção. Assim sendo, na interpretação da lei, entendemos que um estrangeiro não poderá exercer atividade religiosa nas prisões. Achamos, porém, uma lógica na proibição para um sacerdote estrangeiro prestar assistência religiosa às Forças Armadas: passa ele a ser uma autoridade militar. Atinge a vedação também o português coberto pelo estatuto da igualdade.

As atividades militares, sindicais, corporativas e assemelhadas têm conotação política. O estrangeiro admitido no território nacional não pode exercer atividade política, nem se imiscuir, direta ou indiretamente, nos negócios públicos do Brasil. É-lhe vedado especialmente organizar, criar ou manter sociedade ou quaisquer entidades de caráter político, ainda que tenham por fim apenas a propaganda ou a difusão, exclusivamente entre compatriotas, de ideias, programas ou normas de ação de partidos ou facções políticas de qualquer país; não poderá tampouco organizar desfiles, passeatas, carreatas, comícios ou reuniões de qualquer natureza, ou deles participar, desde que tenham fins políticos. Essa vedação não atinge o português equiparado.

As associações não políticas são permitidas. É lícito aos estrangeiros associarem-se para fins culturais, religiosos, recreativos, beneficentes ou de assistência, filiarem-se a clubes sociais e desportivos e a quaisquer outras entidades com iguais fins, bem como participarem de reunião comemorativa de datas nacionais ou acontecimentos de significação patriótica. Em São Paulo, por exemplo, existe o "Circolo Italiano" e o "Instituto Cultural Ítalo-brasileiro" e o "Centro Trasmontano", este último de portugueses oriundos da região de Trás-os-Montes. Contudo, se essas entidades forem constituídas de mais da metade de associados estrangeiros, somente poderão funcionar mediante autorização do Ministério da Justiça. A entidade que houver obtido registro mediante falsa declaração de seus fins ou que, depois de registrada, passar a exercer atividades ilícitas, terá sumariamente cassada a autorização para funcionar, ficando suspensas suas atividades por ato do Ministro da Justiça, até final julgamento do processo de dissolução, a ser instaurado imediatamente. Terá ainda o Ministro da Justiça, quando considerar inconveniente aos interesses nacionais, a faculdade de impedir a realização por estrangeiros, de conferências, congressos e exibições artísticas ou folclóricas.

O pedido de autorização para funcionamento de tais entidades será apresentado à Polícia Federal, que manterá livro especial, destinado ao registro das entidades autorizadas a funcionar e no qual serão averbadas as alterações posteriores. O pedido será encaminhado ao Ministro da Justiça e conterá:

a) cópia autêntica dos estatutos;
b) indicação do fundo social;
c) nome, naturalidade, nacionalidade, idade e estado civil dos membros da administração e forma de sua representação judicial e extrajudicial;
d) designação da sede social e dos locais habituais de reuniões ou prestação de serviços;

e) relação nominal dos associados e respectivas nacionalidades;
f) prova do registro na Polícia Federal, do associado ou dirigente que tenha sido admitido no Brasil na condição de permanente (imigrante), de temporário ou de asilado;
g) relação com o nome, sede, diretores ou responsáveis por jornal, revista, boletim ou outro órgão de publicidade.

Após o registro, qualquer alteração do estatuto ou da administração, bem como da sede e dos locais habituais de reuniões ou prestação de serviços, deverá ser comunicada à Polícia Federal no prazo de trinta dias, a fim de ser averbado no livro próprio.

13.4 O regime especial dos portugueses

Os portugueses terão normas especiais para a naturalização, previstas na Constituição Federal. Diz o art. 12, inciso II, 1°, que aos portugueses com residência permanente no país, se houver reciprocidade em favor dos brasileiros, serão concedidos os direitos inerentes ao brasileiro nato, salvo os poucos casos previstos em nossa Constituição. A este respeito, Brasil e Portugal firmaram a Convenção sobre Igualdade de Direitos e Deveres entre Brasileiros e Portugueses, transformada em lei nacional pelo Decreto n° 70.391/72. Segundo o preâmbulo da Convenção, os dois países manifestam-se fiéis aos altos valores históricos, morais, culturais, linguísticos e étnicos que unem os dois povos. Estabeleceram assim um estatuto que reflita o caráter especial dos vínculos existentes entre brasileiros e portugueses. Por esse estatuto, os portugueses do Brasil e os brasileiros de Portugal gozarão de igualdade de direitos e deveres com os respectivos nacionais. Por estatística de 1995, havia em Portugal mais de 300.000 brasileiros.

Os portugueses e brasileiros abrangidos pelo estatuto de igualdade continuarão no exercício de todos os direitos e deveres inerentes às respectivas nacionalidades, salvo aqueles que ofenderem a soberania nacional e a ordem pública do Es-

tado de residência. Excetuam-se do regime de equiparação os direitos reservados exclusivamente, pela Constituição de cada um dos Estados, aos que tenham nacionalidade originária. Por esse decreto que oficializou no Brasil uma convenção internacional, dispensa-se a naturalização de portugueses, pois já gozam dos direitos de brasileiro naturalizado. A naturalização dar-lhes-ia a nacionalidade brasileira, mas não lhes adicionaria novos direitos. A este respeito, é conveniente citar algumas restrições a todo estrangeiro, entre os quais os portugueses naturalizados ou não:
- não pode fazer parte do Conselho da República (art. 89) e do Conselho de Defesa Nacional (art. 91);
- não pode ser Presidente ou Vice-Presidente da República (art. 12), Presidente da Câmara dos Deputados, do Senado Federal, Ministro do Supremo Tribunal Federal, Diplomata, Oficial das Forças Armadas.

O art. 88 dá a qualificação dos Ministros de Estado, exigindo que seja brasileiro, não especificando que seja nato. Logo, o português, mesmo não sendo naturalizado, poderá ser Ministro de Estado. Pode ainda ser Prefeito, Deputado, Senador e Vereador, Governador e Vice-Governador de Estado. Malgrado não possa fazer parte do Supremo Tribunal Federal, a Constituição não veda a participação do português ou de brasileiro naturalizado nos demais tribunais.

A igualdade de direitos não é automática; deverá ser requerida pelo interessado ao Ministro da Justiça, desde que seja civilmente capaz e com permanência definitiva no Brasil e que já esteja aqui há mais de cinco anos. Ao assumir os direitos reservados aos brasileiros, os portugueses perdem os de Portugal. Estarão imunes à expulsão, deportação e extradição, pois se esses institutos não mais se aplicam aos brasileiros, não poderão ser aplicados a quem lhes seja equiparado. Não poderão ser convocados para o serviço militar, nem poderão prestá-lo voluntariamente. É, porém, uma cortesia do país hospedeiro e não uma prerrogativa do imigrante, razão pela qual a igualdade de direitos poderá ser negada.

13.5 Infrações à Lei do Estrangeiro

O art. 125 da Lei do Estrangeiro elenca um bom número de delitos praticáveis por este no Brasil, revelando o lado penal da Lei, apontando ainda as sanções previstas. Neste mesmo trabalho, fizemos referências a várias delas, por constituírem motivos de expulsão ou deportação. Iremos agora relatar em bloco as diversas infrações cometidas por um estrangeiro no Brasil, capituladas como delitos. A primeira delas, por estar cronologicamente na frente das outras, será a entrada do estrangeiro no Brasil, sem estar devidamente autorizado. É a entrada clandestina. Ainda recentemente, os jornais publicaram a presença no Brasil de muitos clandestinos oriundos da ex-Iugoslávia, refugiados dos conflitos naquela região. É a principal causa de deportação, típica sanção cominada ao clandestino.

Em segundo lugar, figura a permanência no Brasil, após esgotar-se o prazo concedido. Neste caso, pagará multa de um décimo do maior valor de referência por dia de excesso, até o máximo de dez vezes o maior salário de referência. Atingido esse limite, o estrangeiro deverá ter deixado o Brasil, e se ainda permanecer, será deportado. Situação semelhante será a de estrangeiro admitido na condição de permanente (imigrante), de temporário, ou de asilado, que não se registrar no Ministério da Justiça no prazo de trinta dias, conforme exige o art. 30. Estará também sujeito à mesma multa.

Outras formas de infração podem ocorrer para um estrangeiro no Brasil: poderá ele deixar de cumprir a obrigação de exibir o documento comprobatório de sua estada legal em nosso país, ou então mudar-se de seu domicílio declarado, sem comunicar ao Ministério da Justiça no prazo de trinta dias, ou mudar sua nacionalidade sem requerer a averbação da nova nacionalidade no prazo de noventa dias. A sanção cominada para esses casos será a multa de duas a dez vezes o maior valor de referência.

Incorre também em infração quem concorrer para as irregularidades praticadas por um estrangeiro. Se ele tiver que deixar o país por ser clandestino ou impedido, a empresa transportadora encarregada de removê-lo responderá pela sua saída. Se não o fizer, incorrerá em infração à Lei do Estrangeiro e terá multa de trinta vezes o maior valor de referência por estrangeiro. Na mesma multa incorre a empresa transportadora que trouxer para o Brasil um estrangeiro sem documentação em ordem. Arcará ainda com a responsabilidade pelas despesas da retirada deste do território nacional.

Praticam infração à nossa Lei do Estrangeiro aqueles com rápida permanência no Brasil, sujeitos a condições especiais e que ultrapassarem seus direitos. É o caso do natural de país limítrofe, como uruguaio ou paraguaio, domiciliado nas cidades contíguas ao território brasileiro, como Ciudad de Leste (Paraguai), Artigas e Rivera (Uruguai); eles podem entrar no Brasil com documento de identidade, mas sem afastar-se da fronteira nem estabelecer residência no Brasil. Se agirem desta forma, cometerão infração e estarão sujeitos à deportação. Na mesma situação fica o estrangeiro procedente do exterior e que afastar-se do local de inspeção sem que seu documento de viagem e o cartão de entrada e saída hajam sido visados pela Polícia Federal. Ou, então, o turista ou o em trânsito e temporário que exercer atividade remunerada no Brasil. Também estão sujeitos à deportação os funcionários consulares e diplomáticos que exercerem atividade remunerada no Brasil. Também estão sujeitos à deportação os funcionários consulares e diplomáticos que exercerem atividade remunerada no Brasil.

O estrangeiro com visto para exercer determinada atividade em região delimitada do território nacional e com prazo, incorrerá em infração se desobedecer a essas condições. Esses turistas, temporários, consulares etc., não poderão inscrever-se em órgãos de registro profissional, como a OAB, ou constituir uma empresa, o que caracterizará o exercício de atividade remunerada. Se tiver vindo para exercer atividade remunerada em determinada empresa ou qualquer entidade empregadora, com visto concedido para tal fim, estará em falta se mudar para outro empregador. Poderá, contudo, fazer essa mudança com autorização da autoridade competente, neste caso, o Ministro da Justiça, ouvido o Ministério do Trabalho. Em termos gerais, estará sujeito a sanção de cancelamento do registro e deportação o estrangeiro que tiver entrado no Brasil para o exercício de determinada atividade profissional específica, ou em região delimitada, ou para determinado empregador e não se restringir a essas condições, a menos que lhe tenha sido dada autorização oficial.

Caso mais sério, punível com detenção de um a três anos e expulsão, será o do estrangeiro que exercer certas atividades vedadas por lei, seja temporário ou permanente. Amolda-se neste caso se o estrangeiro tornar-se proprietário, armador ou comandante de navio nacional, inclusive nos serviços de navegação fluvial e lacustre; proprietário de empresa jornalística de qualquer espécie, e de televisão e radiodifusão, sócio ou acionista de sociedade proprietária dessas empresas; ou responsável, orientador intelectual ou administrativo delas. Além de infrações à Lei do Estrangeiro (Lei n° 5.250/67). Capitula nesse delito também o cidadão português equiparado, pois essas atividades são reservadas ao brasileiro nato. Em igual situação coloca-se o estrangeiro que obtiver concessão ou autorização para a pesquisa, prospecção, exploração ou aproveitamento jazidas, minas e demais recursos minerais e dos potenciais de energia hidráulica; ser proprietário ou explorador de aeronaves brasileiras, ou corretor de navios, de fundos públicos, leiloeiro e despachante aduaneiro. Como essas atividades dependem de autorização do Poder Público, pressupõe-se que esta só poderá ter sido obtida mediante fraude. Justifica-se, pois, a detenção e expulsão do estrangeiro que exercer qualquer tipo de atividade política da qual fizemos referência no estudo dos impedimentos. Considera-se ainda como atividade ilícita, por ser psicologicamente delicada, participar da administração ou representação de sindicato ou associação profissional, bem como de entidade fiscalizadora do exercício da profissão regulamentada, ou se prático de barras, portos, rios e canais. Ou, então, possuir, manter ou operar, mesmo como amador, aparelho de radiodifusão, de radiotelegrafia e similar, salvo se houver reciprocidade de tratamento. Será enquadrado neste caso até o religioso que prestar assistência religiosa às Forças Armadas e auxiliares, e também aos estabelecimentos de internação coletiva. Neste último caso, seria uma infiltração ilícita em nosso poder militar.

Hipóteses existem em que são aplicadas sanções não só ao estrangeiro como nacionais, até mesmo ocupantes de órgãos públicos, que praticarem infrações fraudulentas à Lei do Estrangeiro. É o caso do estrangeiro que fizer declaração falsa em processo de transformação de visto, de registro, de alteração de assentamentos, de naturalização, ou para a obtenção de passaporte para estrangeiro, *laisser passer*, ou quando exigido visto de saída. Isto é fraudar registros públicos e os que praticarem a fraude estarão sujeitos à pena de reclusão de um a cinco anos, e o estrangeiro que dela participar, à expulsão.

Bem mais amena é a pena para o caso da Junta Comercial, se não remeter ao Ministério da Justiça os dados de identificação do estrangeiro e os do seu documento de identidade, emitidos no Brasil, quando ela registrar uma empresa do que participe estrangeiro, ou, se for uma Sociedade Anônima, o estrangeiro que figurar na condição de administrador, gerente, diretor ou acionista controlador. Na mesma infração incorre o Cartório de Registro Civil que não remeter, mensalmente, ao Ministro da Justiça, cópia dos registros de casamento e óbito de estrangeiro. Neste caso, a multa será de cinco a dez vezes o maior salário de referência. Não esclarece a lei se essa multa deva ser paga pelo estrangeiro, motivo por que supomos ser da responsabilidade apenas do órgão infrator. Igualmente, o estabelecimento hoteleiro, a empresa imobiliária, o proprietário, locador, sublocador ou locatário do imóvel e o síndico de edifício que não remeter ao Ministério da Justiça - quando for requisitado - os dados de identificação do estrangeiro admitido na condição de hóspede, locatário, sublocatário ou morador. Também incorre em infração quem admitir a seu serviço um estrangeiro em situação irregular ou o estabelecimento de ensino que matricular estrangeiro em idêntica situação, a menos que comunique tal fato ao Ministério da Justiça.

As normas procedimentais

As infrações a que acabamos de fazer referência serão apuradas de acordo com o Decreto nº 86.715/81, que regulamentou a Lei do Estrangeiro e com algumas normas do Código de Processo Civil, em processo administrativo, que terá por base o respectivo auto. O auto de infração será lavrado pelo órgão competente, no momento a Polícia Federal, devendo relatar, circunstancialmente, a infração e seu reenquadramento. Lavrado o auto de infração, será o infrator notificado para apresentar defesa escrita, no prazo de cinco dias úteis, a contar da notificação. Findo o prazo e certificada a apresentação ou não da defesa, o processo será julgado, sendo o infrator notificado da decisão proferida. O infrator terá direito a recurso, caso o julgamento lhe seja desfavorável, devendo antes depositar o valor da multa aplicada, ou prestar caução ou fiança idônea.

13.6 A imigração

País de intensa migração interna e externa, o Brasil foi tradicionalmente um receptor de imigrantes, mas, atualmente, um expedidor de emigrantes. A imigração é, pois, assunto que toca o nosso interesse. A imigração é o ingresso no território de um Estado, principalmente à busca de trabalho, de pessoas de outra nacionalidade. A razão econômica elementar, que está na base do fenômeno imigratório, é a convergência de interesses antes divergentes. De um lado, o Estado receptor quer valer-se da força de trabalho do imigrante para explorar seus recursos, tendo em vista a insuficiência da mão-de-obra fornecida por sua população. Do outro lado, o interesse do imigrante em conseguir no Estado receptor melhor aproveitamento e melhor remuneração por seu trabalho, que não conseguiria em seu país de origem.

Há várias modalidades de imigração, segundo o ângulo pelo qual seja olhada. Quanto à participação do imigrante, pode ser individual ou coletiva. Se um imigrante, por sua singular iniciativa, transfere-se de seu país para outro, será imigrante individual. Se for um grupo de pessoas e de famílias, será coletiva.

Quanto à iniciativa impulsora da imigração, pode ser "privada", se partir da decisão e providências do próprio imigrante. Pode ser "organizada" ou "oficial", se for promovida pelo Estado a que pertence o imigrante. Atende muitas vezes ao interesse econômico do Estado emissor, mas geralmente do Estado receptor. Por isso, alguns países criaram órgãos, especializados de emigração e outros, como o Brasil, órgão de imigração; é sugestivo o órgão mantenedor da tradicional "Hospedaria dos Imigrantes", em São Paulo, hoje utilizada para acolher imigrantes de outros Estados brasileiros.

De acordo com o Direito Internacional, todo Estado tem autoridade para acolher ou rejeitar imigrantes, graças à sua soberania territorial, como terá ainda autoridade para subordinar a introdução e permanência do estrangeiro em seu território. Cada Estado estabelece uma legislação imigratória em seu ordenamento jurídico interno. Foi o que fez o Brasil em sua Lei do Estrangeiro e várias outras normas. Nos EUA e Canadá a legislação imigratória tem em mira controlar e limitar a imigração, com o estabelecimento de "cotas" ou "contingentes" para a imigração de cada país; é uma forma de discriminação. Às vezes, a legislação imigratória impede a entrada de estrangeiros, como em Israel; nos países árabes é proibida a entrada de judeus.

Soberano em sua autoridade de concordar ou não concordar com a imigração, o Estado que o fizer deverá, porém, prever um *status* para o imigrante, o "Regime Jurídico do Estrangeiro", reservando-lhe o tratamento que o Direito Internacional prevê em favor deste. Deve reconhecer a titularidade deles a certos direitos subjetivos, à personalidade, à propriedade, à previdência social, ao trabalho e vários outros. Neste aspecto, o Brasil segue a tradição e os compromissos internacionais, reconhecendo nossa lei direitos ao estrangeiro, facultando-lhe até mesmo a possibilidade de naturalização. Problema sério, entretanto, a ser resolvido será com os quatro países do MERCOSUL, pois as regras desse organismo concedem plena liberdade de circulação e locomoção de trabalhadores entre os países membros.

13.7 Impedimentos à imigração

O Brasil sempre recebeu de braços abertos os imigrantes que vieram integrar-se na jovem nação e ajudaram na formação de nossa nacionalidade e de nossa economia. Estimulava a imigração e impunha poucos entraves, em vista da necessidade de mão-de-obra. Nos últimos anos a situação se inverteu; há presentemente mão-de-obra ociosa e o desemprego passou a ser chaga social e econômica. Passou nosso governo a impor muitas exigências à imigração, para não aumentar a concorrência à mão-de-obra nacional, ainda mais porque grandes levas de brasileiros estão deixando o país.

Presentemente, há restrição legal para entrada do imigrante menor de 18 anos, desacompanhado do responsável legal ou sem a sua autorização expressa. Não será permitida a entrada de elemento de maus antecedentes: se for considerado nocivo à ordem pública ou aos interesses nacionais; se tiver sido anteriormente expulso do Brasil, salvo se a expulsão tiver sido revogada; se for condenado ou processado em outro país por crime doloso, passível de extradição segundo a lei brasileira.

A restrição legal mais polêmica é a que toca ao estado de saúde do imigrante. Serão impedidos de entrar no país, mesmo com o visto consular em ordem, os estrangeiros portadores de doença mental, de qualquer natureza e grau, bem como doenças hereditárias ou familiares, ou doenças transmissíveis; se o imigrante vier contratado para o exercício de determinada profissão, não poderá ter doenças ou lesões que o incapacitem definitivamente para o exercício da profissão a que se destina. Não poderá ainda ter defeitos físicos ou mutilações graves, doenças do sangue e dos aparelhos circulatório, respiratório, digestivo, geniturinário, locomotor e do sistema nervoso, que acarretam incapacidade superior a 40%. Em outras palavras, é impedida de entrar no país uma pessoa semi-inválida e muito menos inválida. Fica impedido, ainda, o alcoólatra crônico e o toxicômano.

Os impedimentos por motivo de saúde serão opostos ou suspensos pelas autoridades sanitárias brasileiras, a quem caberá determinar quais sejam as doenças impeditivas. Estas deverão comunicar à Polícia Federal a necessidade da entrada condicional do estrangeiro temporário ou permanente, no caso de documentação médica insuficiente ou quando julgar indicada a complementação de exames médicos para esclarecimento de diagnóstico. Nesses casos, o estrangeiro não poderá deixar a localidade de entrada sem a complementação dos exames médicos a que estiver sujeito, devendo a Polícia Federal reter o seu documento de viagem e fixar o local em que deverá permanecer.

Se a Polícia Federal impedir a entrada do estrangeiro, anotará no documento de viagem as razões do impedimento definitivo e oporá sobre o visto consular o carimbo de impedido. Impedido de permanecer no Brasil, o estrangeiro deverá retirar-se imediatamente e a empresa transportadora que o tiver trazido responde, a qualquer tempo, pela saída do clandestino e do impedido. Na impossibilidade de saída imediata do impedido, a Polícia Federal o manterá sob custódia pelo prazo máximo de trinta dias, prorrogável por igual período. Poderá, contudo, permitir a sua entrada condicional, fixando-lhe o prazo de estada e o local em que deva permanecer. Nesses casos, a empresa transportadora, ou seu agente, firmará termo de responsabilidade, perante a Polícia Federal, assegurando a manutenção do estrangeiro.

14. A NACIONALIDADE

14.1 Conceito e critérios da nacionalidade
14.2 Opção de nacionalidade
14.3 A naturalização

14.1 Conceito e critérios da nacionalidade

Considera-se nacionalidade o vínculo jurídico e político que une uma pessoa ao Estado, sujeitando-o ao sistema jurídico desse Estado. Assim sendo, uma pessoa torna-se um membro do Estado: um cidadão. Se a nacionalidade é o elo que une um indivíduo ao Estado e não à nação, o termo não está bem empregado; seria o caso de se adotar então o termo "estatalidade". Não parece bem simpático e aceito esse termo. Poder-se-ia adotar "cidadania", mas essa palavra tem sido muito explorada nos últimos anos, como o gozo dos direitos civis e políticos. A tradição, porém, determina a conservação do termo "nacionalidade", mesmo porque se elaborou o conceito de que o Estado é a nação juridicamente organizada.

Essa expressão e esse conceito são aceitos universalmente. O que tem variado, contudo, é o critério determinante da nacionalidade, dividindo-se em dois grupos: a ligação pelo solo de nascimento (*jus soli*) e a ligação pela origem (*jus sanguinis*). O *jus sanguinis* vem do antigo Direito romano pelo qual o filho legítimo recebe a nacionalidade do pai e o ilegítimo a nacionalidade da mãe. Não é, porém, *jus sanguinis* baseado no sangue, mas na filiação. Filho de cidadão romano (*quirites*) é cidadão romano. Adotam o *jus sanguinis* grande parte dos países europeus, como Itália, Espanha, Alemanha, França e outros.

Pelo critério do *jus soli*, o elo que une o cidadão ao Estado é o território em que ele nasce. É adotado pelo Direito brasileiro e pela maioria dos países americanos. Há nesses critérios uma sugestiva coincidência: os países de emigração adotam o *jus sanguinis*, e os de imigração o *jus soli*, na sua maioria. Sob o ponto de vista prático, o sistema adotado no Brasil, o *jus soli*, é o mais efetivo: é brasileiro quem nascer no solo brasileiro e aqui for registrado. O meio de prova é simples e fácil: é a apresentação da certidão de nascimento. Além disso, o país era de imigração; recebia grande parte de imigrantes e se fosse adotar o *jus sanguinis* teria de considerar como estrangeiros os descendentes de imigrantes. Ainda assim, grande parte dos imigrantes eram originários de países com os quais, nos idos de 1942, o Brasil não mantinha boas relações. Estava em guerra contra a Alemanha, Itália e Japão, países que forneceram grande parcela de nossos imigrantes. A situação de beligerância forçou o Brasil a promulgar nova Lei de Introdução ao Código Civil, em 1942.

O problema era complexo e ensejou a Convenção Internacional de Haia, de 1930, mas esta não foi muita efetiva. Cada Estado tem o direito de adotar seu critério, de acordo com seus problemas e interesses e estes diferem muito de Estado para Estado. O Brasil, por exemplo, tem suas razões para adotar os critérios que a lei estabeleceu. Adotou o *jus soli*, por sua conveniência, desde os tempos do Império, a partir da Constituição de 1824, a primeira da novel nação.

A questão está expressa no art. 12 da Constituição de 1988, no capítulo denominado "Da Nacionalidade". Logo no início, diz esse artigo que são brasileiros natos os nascidos na República Federativa do Brasil, ainda que de pais estrangeiros, desde que estes não estejam a serviço de seu país. É a clara aplicação do *jus soli*: é brasileiro quem nascer no solo brasileiro. Não poderão registrar-se no Brasil, entretanto, os filhos de estrangeiro que aqui tenham entrado com visto oficial e diplomático, pois os pais encontram-se em nosso país a serviço de governo estrangeiro. É o caso principalmente dos agentes diplomáticos e consulares. É uma exceção ao critério do *jus soli*.

Pelo mesmo critério, serão brasileiros os nascidos no exterior, de pai brasileiro ou mãe brasileira, desde que qualquer deles esteja a serviço da República Federativa do Brasil. Destarte, o filho de um agente diplomático ou consular poderá registrar-se como brasileiro no próprio consulado do Brasil, localizado no país em que seus próprios progenitores estiverem servindo. É outro caso de exceção ao critério do *jus soli*, pois se aplica, principalmente, o *jus sanguinis*.

14.2 Opção de nacionalidade

Outra forma de se adquirir a nacionalidade brasileira é a opção de nacionalidade. É a aquisição voluntária da nacionalidade. Opção ocorre quando houver dúvidas quanto à nacionalidade ou a coexistência de várias. Segundo o "Dicionário Caldas Aulete", o mais recomendável à área jurídica, ao nosso ver, optar é escolher, decidir-se por alguma coisa, fazer a sua escolha, preferir alguma coisa dentre outras examinadas ou comparadas. Veja-se o exemplo dado: "optar entre dois males pelo menor, é a verdadeira regra". Pressupõe-se, assim, que, para que haja opção, deve haver a concorrência de duas ou mais nacionalidades, uma das quais será a escolhida pelo optante. Há, portanto, um conflito de nacionalidades.

Examinemos o que deva ocorrer na antiga Iugoslávia e na antiga União Soviética. A Iugoslávia fracionou-se em várias regiões, formando vários países hostis. Problema de difícil solução é o de estabelecer a nacionalidade das pessoas que habitavam aqueles territórios, principalmente nas regiões fronteiriças. A melhor solução para esse conflito de nacionalidades será a opção, ainda que conjugada com outros critérios.

A opção está prevista no art. 12, declarando que será brasileiro o nascido no estrangeiro, de pai brasileiro ou mãe brasileira, desde que sejam registrados em repartição brasileira competente, ou venham a residir na República Federativa do Brasil antes da maioridade e, alcançada esta, optem em qualquer tempo pela nacionalidade brasileira. Não implica que os pais estejam no exterior a serviço do governo do Brasil. Essa hipótese poderá ocorrer com frequência neste momento histórico. O Brasil passou a ser um país de intensa emigração; grandes levas de brasileiros residem hoje nos países da Europa, no Canadá, Austrália, EUA, Japão, Portugal e quase todos os países do mundo. Muitos se casam com nacional do país em que se encontram. Um número incalculável de filhos de brasileiros estão nascendo no exterior e, numa hora qualquer, poderão vir definitivamente para o Brasil. Em casos semelhantes, como os pais retornam ao seu país de origem e aqui passam a viver, o filho, tornando-se adulto e capaz, poderá, então, preferir ser brasileiro ou adotar a nacionalidade do país em que nasceu. O princípio que rege a opção é o da autonomia da vontade, pois o optante foi registrado pelo pai e não correspondente à manifestação da vontade de quem acaba de nascer. Ao tornar-se adulto e capaz, poderá o cidadão escolher a nacionalidade que deseja possuir. O brasileiro optante é considerado brasileiro nato.

14.3 A naturalização

Trata-se também de uma forma de aquisição da nacionalidade. Por ela, o estrangeiro, renunciando à sua nacionalidade, adota a de outro país. Está prevista no inciso II do art. 12 de nossa Constituição. Não tem o mesmo sentido de nacionalização, pois este termo tem sentido mais amplo. A Lei do Estrangeiro (Lei nº 6.815/80) regula a forma de naturalização nos arts. 112 e 124. Nossa Constituição concede ao estrangeiro residente na República Federativa do Brasil há mais de 30 anos, ininterruptos e sem condenação penal, a faculdade de requerer sua naturalização. Necessitará, porém, ter capacidade civil, segundo a lei brasileira, ser registrado como permanente no Brasil e ter residência contínua no território nacional, pelo prazo mínimo de quatro anos, imediatamente anteriores ao pedido de naturalização. Pelo que consta dos textos legais, ainda que tenha mais de trinta anos no Brasil, é preciso que nos últimos quatro anos o estrangeiro tenha vivido no país. Imprescindível será o domínio do idioma nacional; não é exigida absoluta fluência, considerando-se as condições do naturalizando. Deverá o requerente comprovar o exercício de profissão ou posse de bens suficientes à manutenção própria e da família. A lei brasileira quer ter homens úteis à coletividade, como brasileiros. Além disso, que sejam pessoas de bom procedimento, de bons antecedentes, sem que tenham sido alvo de denúncia, pronúncia ou condenação no Brasil ou no exterior por crime doloso a que seja cominada pena mínima de prisão, abstratamente considerada, superior a um ano. Um estrangeiro nessas condições será passível de expulsão do Brasil, o que não tornaria lógico dar-lhe a naturalização. Outra exigência legal é a de que deverá o postulante desfrutar de boa saúde, que não será exigida se o estrangeiro estiver residindo no Brasil há mais de dois anos. A exigência de boa saúde também se dá quando um estrangeiro emigra para o Brasil e, por isso, lógico será que se dê igual exigência para torná-lo brasileiro. Essa exigência é dispensada, porém, se o estrangeiro tiver sua saúde abalada às vésperas de pedir sua naturalização. A infelicidade de ter adoecido não poderá causar-lhe a perda de um direito que tenha adquirido pelo mérito.

O ato de naturalização será anulado se for constatado que o naturalizado usou de fraude para conseguir a naturalização, sem prejuízo da ação penal cabível pela infração cometida. A naturalização é ato do Poder Executivo, correndo o processo no Ministério da Justiça; da mesma forma, a declaração de nulidade processar-se-á administrativamente no Ministério da Justiça, *ex officio* ou mediante representação fundamentada. Ao naturalizado é concebido o direito de defesa.

O prazo de permanência no Brasil poderá ser reduzido em certos casos, tais como se o estrangeiro for casado com brasileira, tiver filho brasileiro ou se ele for filho de brasileiro; ou então se houver prestado ou puder prestar serviços relevantes ao Brasil, a juízo do Ministério da Justiça. Há também a hipótese de ser o estrangeiro recomendado por sua capacidade profissional, científica ou artística; em tais casos há real interesse do Brasil em ter pessoas assim como brasileiros. Outra concessão da lei quanto ao tempo de permanência no Brasil atende a critério de interesse econômico; poderá ser reduzido o prazo se o estrangeiro for proprietário, no Brasil, de bem imóvel, cujo valor seja igual, pelo menos, a mil vezes o maior valor de referência; ou ser industrial que disponha de fundos de igual valor, ou possuir cotas de ações integralizadas de montante, no mínimo, idêntico, em sociedade comercial ou civil, destinada, principal e permanentemente, à exploração de atividade industrial e agrícola. Procura assim a lei assegurar ao Brasil pessoas empreendedoras, que possam contribuir para nosso progresso econômico e reconhecendo o que fizeram imigrantes estrangeiros, principalmente em São Paulo.

A exigência de tempo no Brasil é dispensada quando se tratar de estrangeiro casado com agente diplomático consular brasileiro há mais de cinco anos, ou então de estrangeiro que seja funcionário de embaixada ou consulado brasileiros há mais de dez anos. O estrangeiro que prestar serviços ao governo brasileiro no exterior, trabalhando por mais de dez anos ininterruptos em nossa embaixada ou nosso consulado, adquire o direito de requerer a nacionalidade brasileira, como recompensa pelos serviços prestados. Necessária é, porém, a estada de um mês no mínimo no Brasil, antes de requerer a naturalização.

A naturalização depende de processo administrativo perante o Ministério da Justiça, devendo o estrangeiro postulante requerê-la ao Ministro da Justiça, dando sua qualificação e prestando informações, como a data de entrada no Brasil, locais onde tenha residido antes e juntando documentos exigidos pela lei. Haverá facilidade quanto à documentação se o estrangeiro tiver se radicado no Brasil com menos de cinco anos de idade; neste caso, terá ele dois anos de prazo, após atingir a maioridade, para requerer a naturalização. Outra hipótese é a do estrangeiro que tiver vindo ao Brasil antes da maioridade e tiver feito curso superior em estabelecimento nacional de ensino; o prazo para requerer será então de um ano, a partir da formatura. Em ambos os casos, bastará a apresentação da cédula de identidade, atestado policial de residência no Brasil e atestado de antecedentes policiais. No primeiro caso, ou seja, quando se tratar de menor de cinco anos, é possível requerer naturalização provisória. Ao atingir a maioridade, terá o prazo de dois anos para requerer a naturalização definitiva. Ao receber o requerimento, o Ministério da Justiça procederá à sindicância sobre a vida pregressa do naturalizando.

A naturalização é ato do Ministro da Justiça, após o parecer do órgão competente do Ministério. Será concedida por Portaria do Ministro da Justiça que será publicada no Diário Oficial e registrada no Ministério da Justiça, expedindo-se o certificado de naturalização. A partir desse certificado, o naturalizado gozará dos direitos civis e políticos de brasileiro, exceto aqueles que a Constituição reserva a brasileiros natos, como ser Presidente da República e Ministro do STF. A naturalização é, entretanto, pessoal; não naturaliza o cônjuge ou os filhos do naturalizado.

15. A SAÍDA COMPULSÓRIA DO ESTRANGEIRO

15.1 Saída voluntária e compulsória
15.2 A deportação
15.3 A expulsão
15.4 A extradição
15.5 O caso BIGGS

15.1 Saída voluntária e compulsória

Da mesma forma que o estrangeiro entra num país por sua livre opção, pode sair dele. Tratando-se de estrangeiro com visto temporário, sua saída já está prevista. O permanente, ou seja, o imigrante, malgrado tenha se dirigido a um país com o fito de nele permanecer definitivamente, poderá deixar o país que o tenha acolhido. Nestes últimos anos, milhares de imigrantes, alguns já naturalizados, deixaram o Brasil, retornando ao seu país de origem. Outros estão se dirigindo a países com melhor oferta de trabalho e condições de vida, como a Austrália e o Canadá. São, portanto, opções do próprio cidadão e nenhum país tem interesse em manter em seu território um estrangeiro insatisfeito, salvo motivos especiais.

Vezes há, contudo, tem que haja interesse de um país em fazer sair de seu território um estrangeiro insatisfeito. Motivos existem para um país prescindir da presença de um estrangeiro, seja ele mau elemento ou não. Nem sempre a razão da inconveniência é apresentada pelo próprio estrangeiro, mas razões do país receptor tornam inconveniente a presença momentânea de um estrangeiro. Por isso, há vários institutos referentes à saída forçada de um estrangeiro, sendo os principais: deportação, expulsão e extradição. Podemos incluir nessa espécie a consideração de *persona non grata*, tratada em nosso estudo sobre relações diplomáticas e consulares. É conveniente fazermos algumas considerações a respeito desses três institutos afins, mas diferentes entre si.

15.2 A deportação

A deportação, chamada igualmente de banimento e desterro, é a pena imposta a um cidadão que se torne inconveniente a um país, consistente em fazê-lo retirar-se e ir viver noutro país. Já era conhecida no Direito romano com o nome de *deportatio*, que originou o termo de nosso idioma. É instituto típico de Direito Penal, embora geralmente tenha motivação política. Foi o que aconteceu com Dom Pedro II e a Princesa Isabel logo após a proclamação da República. Assim aconteceu também com o poeta Tomás Antônio Gonzaga, da Inconfidência Mineira, que foi banido para a África, onde faleceu e foi enterrado. Não havia lógica em deportar um criminoso comum, senão seria um benefício, e não uma pena.

Durante a ditadura militar instituída no Brasil em 1964, milhares de pessoas, brasileiros e estrangeiros, foram deportadas. A Constituição Federal de 1988 vedou, entretanto, esse tipo de pena ao cidadão brasileiro, de tal forma que o banimento é hoje um instituto típico de aplicação ao estrangeiro. Consta dos arts. 57 a 64 da Lei do Estrangeiro. A deportação, pois, consiste em forçar a saída do Brasil de um estrangeiro, cuja presença tornou-se indesejável ou inconveniente aos interesses do Brasil. Não implica que o estrangeiro seja um criminoso ou um mau elemento, mas pode ele ter penetrado irregularmente no Brasil, não tenha os documentos em ordem, o prazo de permanência já esteja vencido e outros motivos. Difere, portanto, da expulsão, da qual falaremos após.

Cabe a deportação quando o estrangeiro entrar irregularmente no Brasil ou aqui esteja em situação irregular. Há muitas formas de irregularidade na situação do estrangeiro no Brasil, como também das inconveniências de sua presença entre nós, como a concorrência com a mão-de-obra nacional. Assim, por exemplo, o habitante de certas cidades próximas à fronteira do Brasil, como Paso de los Libres, vizinha a Uruguaiana; Rivera, na fronteira do Uruguai com o Brasil; ou Bela Vista, na fronteira de Mato Grosso com a Bolívia, está propenso a entrar comumente no país. Bastará apresentar carteira de identidade, dispensando-se o passaporte e, muitas vezes, trabalha no Brasil ou matricula-se em escolas brasileiras. Não pode, entretanto, fixar residência em nosso país, nem circular fora da fronteira. Se o fizer, estará em situação irregular e sujeito a sair compulsoriamente daqui.

Poderá ser deportado o turista, em trânsito ou temporário, que, porventura, esteja exercendo atividade remunerada por fonte brasileira, como, por exemplo, exercer cargo em empresa no Brasil ou estabelecer-se como empresário. Da mesma forma, o estrangeiro que vier ao Brasil cumprir determinado contrato e exercer essa atividade em outra empresa e em outra região. Encontra-se em idêntica situação o turista estrangeiro que se engajar como tripulante, em porto brasileiro, em navio nacional.

Não estão livres de serem deportados os estrangeiros que se encontrem no Brasil em missão oficial, como os agentes diplomáticos e consulares, que tenham desobedecido às normas das Convenções de Viena sobre relações diplomáticas e consulares. Em caso assim, será mais fácil o governo brasileiro considerá-los *persona non grata*, forçando o país a que pertencem a chamá-los de volta.

O governo brasileiro poderá pedir ao estrangeiro indesejável para que se retire do Brasil voluntariamente num prazo dado; caso ele não se retire, será retirado *manu militari*. A deportação far-se-á para o país da nacionalidade ou de procedência do estrangeiro, ou para outro que consinta em recebê-lo. Desde que tenha sido determinada a deportação, o Ministro da Justiça poderá determinar a prisão do deportado, até que se efetive sua retirada do país, pelo prazo de sessenta dias, prorrogável por igual período.

As despesas deverão ser custeadas pelo Tesouro Nacional. Cessadas as razões da deportação, poderá o deportado voltar ao Brasil, mas deverá indenizar o Tesouro Nacional pelas despesas da deportação, corrigidas monetariamente e pagar possível multa ou outros débitos. O retorno deverá ser autorizado por visto competente. Se voltar sem o visto, incorrerá em crime previsto no Código Penal, art. 338, com o nome de "Reingresso".

15.3 A expulsão

A expulsão é também a saída compulsória de um estrangeiro cuja presença tenha se tornado inconveniente aos interesses nacionais. É, porém, medida mais forte do que a deportação, pois é aplicada ao mau elemento, tanto que é pena prevista para autores de crimes hediondos, como o de tráfico de drogas. A origem etimológica do termo tem conotação com a gravidade do instituto: *expulsio*, do verbo latino *expellere* = expelir, lançar para fora, fazer sair à força, repelir, fazer evacuar

É manifestação da soberania do Estado e defesa da nação, materializando-se por medida administrativa. Não cabe também a expulsão de um brasileiro. O art. 5º da nossa Constituição, que trata dos "Direitos e Garantias Fundamentais", no inciso XLVII, proíbe a pena de morte, de caráter perpétuo, de trabalhos forçados, cruéis e de banimento. Se proíbe a pena de banimento, natural que proíba também a de expulsão, por ser mais rigorosa ainda. É, pois, aplicada exclusivamente ao estrangeiro. Aliás, a Lei do Estrangeiro (Lei nº 6.815/80) e o Decreto nº 86.715/81 que a regulamenta, só falam em estrangeiros.

Pelo art. 65 da Lei do Estrangeiro, é passível de expulsão o estrangeiro que, de qualquer forma, atentar contra a segurança nacional, a ordem política e social, a tranquilidade ou moralidade pública e a economia popular, ou cujo procedimento o torne nocivo à conveniência e aos interesses nacionais. É passível, também, de expulsão o estrangeiro que:

a) praticar fraude a fim de obter a sua entrada ou permanência no Brasil;
b) havendo entrado no território nacional com infração à lei, dele não se retirar no prazo que lhe foi determinado para fazê-lo, não sendo aconselhável a deportação;
c) entregar-se à vadiagem ou à mendicância; ou
d) desrespeitar proibição especialmente prevista em lei para estrangeiro.

Esses motivos são muito genéricos, mas leis várias prevêem certos casos específicos em que a expulsão caberá a um estrangeiro.

A Lei dos Tóxicos (Lei n° 6.368/76), por exemplo, no art. 42, diz que é passível de expulsão o estrangeiro que praticar qualquer dos crimes definidos nessa lei, como porte ou tráfico de drogas. A pena de expulsão não arreda a condenação, salvo se ocorrer interesse nacional que recomende expulsão imediata. Assim sendo, se o estrangeiro for condenado à prisão por tráfico de drogas, deverá cumprir a condenação, sendo depois expulso do Brasil. Caso contrário, a expulsão poderia ser até vantajosa para o infrator. Foi confirmado pelo Decreto n° 98.961/90.

O Decreto-lei n° 5.860/43, que modificou o art. 348 do Código Civil, estabeleceu que, sem prejuízo de outras penas em que haja incorrido, será expulso do território nacional o estrangeiro que fizer falsa declaração perante o registro civil de pessoas naturais, para o fim de atribuir-se, ou a seus filhos, a nacionalidade brasileira.

A expulsão consta de processo especial, aberto por iniciativa do Ministério Público, requerida ao Ministro da Justiça, até trinta dias após o trânsito em julgado da sentença condenatória do estrangeiro autor de crime doloso ou de qualquer crime contra a segurança nacional, a ordem pública ou social, a economia popular, à moralidade ou à saúde pública. Deve ser juntada cópia da sentença e da folha de antecedentes penais do acusado. Poderá ainda o Ministro da Justiça, *ex officio*, determinar à Polícia Federal a instauração de inquérito para a expulsão do estrangeiro indiciado.

Ao receber ofício do Ministro da Justiça, o Delegado Federal, mediante Portaria, iniciará o inquérito, e notificará o expulsando para o interrogatório, podendo ele defender-se no próprio inquérito. As normas adotadas nesse inquérito são as normalmente adotadas nos inquéritos policiais em geral, com algumas adaptações para os casos específicos. O rito é, em linhas gerais, traçado nos arts. 100 a 109 do Regulamento da Lei do Estrangeiro (Decreto n° 86.715/81). O Inquérito Policial será enviado ao Ministro da Justiça, que dará seu parecer e o encaminhará ao Presidente da República, a quem cabe o Decreto de Expulsão. O Decreto de Expulsão normalmente determina também a prisão do expulsando, a não ser em casos especiais, em que ficará ele em liberdade vigiada.

Nos casos de infração contra a segurança nacional, a ordem política ou social e a economia popular, assim como nos casos de comércio, posse ou facilitação de uso indevido de substância entorpecente ou que determine dependência física ou psíquica, ou de desrespeito à proibição especialmente prevista em lei para estrangeiro, o inquérito será sumário e não excederá o prazo de quinze dias, assegurado ao expulsando o direito de defesa, com a indicação de seu defensor ou sendo nomeado defensor dativo. O Ministro da Justiça, a qualquer tempo, poderá determinar a prisão por noventa dias, do estrangeiro submetido a processo de expulsão e, para concluir o inquérito ou assegurar a execução da medida, prorrogá-la por igual prazo.

Respeitando o inciso XXXV do art. 5º da Constituição Federal, estabelecendo que "a lei não excluirá da apreciação do Poder Judiciário lesão ou ameaça a direito", a Lei do Estrangeiro assegura ao expulsando o direito de recorrer ao Poder Judiciário. Poderá requerer *habeas corpus*, pedindo a suspensão do inquérito até a decisão definitiva do Tribunal a que estiver submetido o feito.

Há algumas restrições à expulsão. Uma é a do estrangeiro naturalizado brasileiro. Desde que naturalizado, é brasileiro em igualdade de direitos, a menos que perca a nacionalidade brasileira. Outra hipótese é a do estrangeiro casado com brasileira há mais de cinco anos, ou tenha filho de brasileiro que, comprovadamente, esteja sob sua guarda e dele dependa economicamente. A imunidade do estrangeiro casado com brasileira (ou vice-versa) termina se ele se separar de fato e de direito. Cessa também se ele tiver relegado o filho ao abandono. Não se procederá à expulsão também se implicar extradição inadmitida pela lei brasileira, vale dizer, quando não couber extradição não caberá expulsão. Todavia, poderá ser expulso para um país que admita a extradição e concorde em receber o expulso. Quando o estrangeiro for expulso ou deportado, deverá ser dirigido para o país de sua nacionalidade ou do qual proceder ao vir para o Brasil. Se esses dois países não tiverem tratado de extradição com o Brasil, poderá, então, outro país aceitar o expulso.

15.4 A extradição

A terceira forma de saída compulsória do estrangeiro de um país, adotada universalmente, é a da extradição, bem diferente da deportação e da expulsão. É o meio legal de um país entregar a outro uma pessoa, para que esta seja submetida à lei do Estado para o qual tenha sido extraditado o estrangeiro. Pela etimologia da palavra, o prefixo *ex* (para fora) e *traditio* (transferência, remessa), nota-se que na extradição um estrangeiro é transferido compulsoriamente de um país para outro. É um instituto de natureza tipicamente penal, pois o extraditado é uma pessoa que tenha sido condenada ou esteja respondendo a processo penal em seu país de origem. O Brasil, ao transferir o extraditado, entrega-o à Justiça do país que houvera pedido a extradição.

Diferentemente da deportação e da expulsão, cuja iniciativa caberá ao Brasil, na extradição a iniciativa cabe a outro Estado e o Brasil atenderá ao pedido deste. Para que ela seja concedida, necessário se torna que haja tratado, ou então o governo que solicitá-la prometer reciprocidade, ou seja, atenderá a potencial pedido nosso. É consequência da "Exterritorialidade da Lei", já estudada.

O processo de extradição, segundo o art. 102, alínea "e", do Supremo Tribunal Federal, é da precípua alçada de nossa Magna Corte, tanto que o rito desse processo está descrito nos arts. 207 a 214 do Regimento Interno do Supremo Tribunal Federal. Não é possível à Magna Corte apreciar extradição de brasileiro, pois só o estrangeiro estará submetido a ela; se for brasileiro naturalizado, necessário se torna que já seja naturalizado por ocasião do crime, uma vez que a posterior naturalização deixa-o passível de ser extraditado. Há outras exceções previstas em lei. Não se aplica aos crimes políticos, a menos que haja conexão com crime comum e este seja o principal. O Supremo poderá deixar de considerar crimes políticos os atentados contra Chefes de Estado ou quaisquer autoridades, bem assim os atos de terrorismo, anarquismo, sabotagem, sequestro de pessoas, ou que importem propaganda de guerra ou de processos violentos para subverter a ordem política ou social.

Não se considera o crime que não esteja capitulado na lei penal brasileira. Por exemplo: se o pedido for para um viciado em drogas, não se considera crime o vício, mas apenas quando houver tráfico ou porte. Ou então, se o crime for punível no Brasil com pena igual ou inferior a um ano; neste caso, será crime inexpressivo para justificar uma extradição. Também estará fora de motivo para extradição um crime julgável pela justiça brasileira ou que o infrator tenha sido julgado no Brasil e sido condenado, mas cuja pena já esteja prescrita; ou então que tenha sido absolvido.

Há certas condições para a concessão: necessário se torna que haja sentença condenatória ou mandado de prisão pela Justiça do país solicitante da extradição. O crime que tiver ensejado a condenação deverá ter sido praticado no país solicitante e ser da competência da Justiça deste, pois vigora no Direito Penal o *locus regit actum*, ou mais precisamente o da *lex delicti comissii*.

É possível haver diversos pedidos. Foi o que aconteceu com o carrasco nazista Claus Barbie: durante a ocupação alemã na França, na última Grande Guerra, cometeu ele muitos crimes e depois refugiou-se na Bolívia. Foi condenado em três países: França, Alemanha e Israel; os três países pediram sua extradição ao governo boliviano, mas este a concedeu à França, pois lá é que os crimes foram cometidos. O mesmo critério é adotado pela lei brasileira. Pode haver a hipótese de diversos crimes, cometidos em países diversos; esses países poderão pedir a extradição da mesma pessoa e todos poderão ter tratado de extradição celebrado com o Brasil. Neste caso, terá preferência o país em cujo território haja sido cometido o crime mais grave segundo a lei brasileira; no empate será para o país que tiver pedido em primeiro lugar e, persistindo o empate, será para o país de origem do extraditado. Dependerá ainda dos termos dos tratados de extradição firmados entre o Brasil e esses Estados.

O pedido de extradição deverá ser apresentado por via diplomática, instruído com a documentação necessária e dados bem precisos, como a sentença condenatória, mandado de prisão, auto de fuga etc. Toda a documentação deverá vir acompanhada da tradução para o português. O processo será encaminhado ao Ministro da Justiça, que determinará a prisão do extraditado, colocando-o à disposição do Supremo Tribunal Federal. O processo será encaminhado à Magna Corte, que lhe dará seguimento; se o processo não estiver em ordem, o Supremo, a requerimento do Procurador-Geral da República, poderá converter o julgamento em diligência para suprir a falta de prazo improrrogável de sessenta dias. Decorrido esse prazo, o processo segue independentemente da diligência.

Concedida a extradição, o governo brasileiro colocará o extraditando à disposição do país requisitante, que deverá mandar buscá-lo. O país requisitante deverá, porém, assumir o compromisso de não processar o extraditando por fatos anteriores ao pedido, de computar o tempo de prisão que, no Brasil, foi imposto por força da extradição. Não poderá o extraditando ser extraditado para outro país e nem ter sua pena agravada por motivos políticos. Em outras palavras, o país do extraditando deverá aplicar a lei brasileira. Assim, se o extraditando tiver sido condenado à morte, deverá a pena ser comutada em prisão, por não haver no Brasil pena de morte.

15.5 O caso BIGGS

É difícil falar-se em extradição sem que venha à mente o caso BIGGS, que despertou muitas discussões no Brasil. Ronald Biggs é um famoso ladrão inglês, participante do "Assalto ao Trem Pagador", um crime dos mais sensacionais na Inglaterra e de repercussão mundial. Biggs foi julgado e condenado, mas conseguiu fugir da prisão. Tempos após aparece ele no Brasil, tendo aqui entrado com nome falso e fixado residência no Rio de Janeiro. Casou-se com uma brasileira e tem filho brasileiro. É hoje uma figura famosa do folclore carioca e aparece amiúde na televisão e nos jornais. Já participou de desfiles nas escolas de samba.

A Inglaterra pediu sua extradição e uma longa luta foi travada na Justiça para garantir sua permanência no Brasil. A situação lhe era favorável, pois não há tratado de extradição entre Brasil e Inglaterra e esta não concede reciprocidade, por características do

Direito inglês. Por seu turno, Biggs casou-se com brasileira e tem filho brasileiro, conseguindo, destarte, sua permanência legal no país. A extradição não teria amparo legal. Entretanto, como entrara ele no Brasil de forma irregular, com nome falso, e fosse indivíduo de má fama, cogitou-se de sua expulsão. Haveria amparo legal para expulsão, segundo o art. 65, *caput*, da Lei do Estrangeiro, mas esbarra nas disposições do art. 75, que vamos descrever:

> "Não se procederá à expulsão:
> I - se implicar extradição inadmitida pela lei brasileira; ou
> II - quando o estrangeiro tiver:
> a) cônjuge brasileiro do qual não esteja divorciado ou separado, de fato ou de direito, e desde que o casamento tenha sido celebrado há mais de cinco anos; ou
> b) filho brasileiro que comprovadamente esteja sob sua guarda e dele dependa economicamente".

Biggs estava amparado pelas duas alíneas do inciso II, mas o que tornou mais interessante a decisão do Supremo foram as considerações sobre o inciso I, de que a expulsão implicaria extradição inadmitida pela lei brasileira. Caso Biggs fosse expulso, seria necessária a concordância de algum país em recebê-lo. E que país poderia manifestar interesse em recebê-lo, a não ser a Inglaterra, que estava pedindo sua extradição! A expulsão, neste caso, caracterizaria "extradição de fato" ou "extradição simulada", o que pareceria uma fraude. A deportação amoldar-se-ia na mesma consideração. O que fez nossa justiça foi aplicar com rigor a norma legal favorável ao criminoso. Assim tivemos que engolir um ladrão a mais, que soube amoldar-se à nossa lei, para safar-se da lei de seu país. A este respeito, é conveniente transcrever também a Súmula n° 1 do Supremo Tribunal Federal:

> "É vedada a expulsão de estrangeiro casado com brasileira, ou que tenha filho brasileiro, dependente da economia paterna".

16. ARBITRAGEM - A SOLUÇÃO PACÍFICA DE CONTROVÉRSIAS

16.1 Conceito e características da arbitragem
16.2 Tipos de arbitragem
16.3 A Convenção do Panamá
16.4 A Lei nº 9.307/96 - Lei da Arbitragem
16.5 A sentença arbitral
16.6 Os árbitros
16.7 Execução de sentenças arbitrais estrangeiras
16.8 Regulamentação internacional
16.9 O Barão do Rio Branco

16.1 Conceito e características da arbitragem

A arbitragem é um sistema de solução pacífica de controvérsias internacionais e presentemente das nacionais, rápida e discreta, quer de Direito Público, quer de Privado. Consiste na criação de um julgador não pertencente à jurisdição normal, escolhido pelas partes conflitantes, para dirimir divergências entre elas. É a escolha de um juiz não togado, ou de tribunal não constituído por desembargadores, mas de advogados avulsos ou pessoas consideradas como capazes de conhecer e decidir uma questão que esteja prestes a ser submetida à Justiça.

A Constituição de 1988 consagra, no art. 4º, que o Brasil se rege, nas suas relações internacionais, por vários princípios, apontando no inciso VII a solução pacífica de conflitos, como a mediação, as negociações, o recurso à Corte Internacional de Justiça — CIJ, mas a primordial maneira de solução final de conflitos é a arbitragem.

O Brasil, desde o início como nação independente, recorreu à arbitragem para a solução de seus litígios com outros países. Começou com nosso desmembramento do Império Lusitano, criando vários conflitos com Portugal. Decidiram ambos os países submeter as suas questões ao julgamento arbitral de outros países, solucionando todas elas. O Brasil, por sua vez, já atuou como árbitro na solução de conflitos entre outros países. Apresentamos várias passagens em nossa história em que a arbitragem solucionou nossos problemas; aliás, não só o

Brasil recorreu à arbitragem, mas inúmeros países, até mesmo na Idade Média ou na Antiguidade. Os principais deles dizem respeito às nossas fronteiras, como o território do Acre, que pertencia à Bolívia. Um tribunal arbitral, presidido pelo Núncio Apostólico no Brasil (representante do Vaticano), decidiu em favor do Brasil, e o Acre foi adicionado ao nosso território.

Em 1863, o embaixador da Inglaterra no Brasil, William Christie, criou vários conflitos com o governo brasileiro. Os dois Estados submeteram essa questão, chamada de Questão Christie, à solução arbitral do Rei Leopoldo, da Bélgica, que decidiu a favor do Brasil. Houve questões de limites entre Brasil e Argentina, resolvidas pelo Presidente Cleveland, dos EUA, a favor do Brasil, a fronteira do Amapá e a Guiana Francesa, resolvida por um Conselho presidido pelo Presidente da Suíça, que também decidiu a favor do Brasil, limites entre o Brasil e a Guiana Inglesa, que foi resolvida pelo Rei Vittorio Emmanuel II, da Itália, contra o Brasil, em 1904.

Por outro lado, se o Brasil se submeteu a arbitragens, também funcionou como árbitro na solução de controvérsias entre outras nações. Um litígio entre EUA e Inglaterra, sobre o navio Alabama, foi submetido a um tribunal arbitral de que o Brasil fez parte. O Brasil ainda participou do julgamento arbitral numa questão entre EUA e Inglaterra sobre a pesca no mar de Bhering; entre Argentina e Chile, sobre fronteiras entre os dois, e diversos outros.

A arbitragem tem várias características relevantes, abaixo relacionadas:

a) é estabelecida pelo acordo das partes e são elas que definem o objeto do litígio e o direito aplicável a ele;
b) a entrega da solução do litígio aos árbitros livremente escolhidos pelas partes;
c) compromisso das partes para o acatamento da decisão arbitral, segundo o princípio *pacta sunt servanda*;
d) podem as partes estabelecer um prazo para a sentença arbitral;
e) podem as partes exigir o procedimento arbitral com sigilo.

16.2 Tipos de arbitragem

Dois tipos de arbitragem distinguem-se: a voluntária ou facultativa e a permanente ou obrigatória. A arbitragem voluntária ou facultativa surge de compromisso entre as partes, para a solução de um problema que já surgiu. Não há um acordo anterior entre as partes, pois o problema não foi previsto. A convenção arbitral para a instauração desse tipo de julgamento é chamada de "compromisso". É também chamada de arbitragem *ad hoc*, por ser criado um juízo arbitral para aquele caso.

A arbitragem permanente ou obrigatória decorre de um ajuste prévio entre as partes, prevendo que, se houver divergência entre elas, será submetida à solução arbitral. Já são previstos os potenciais problemas a resolver, razão pela qual o acordo antecede a eles, ao contrário da arbitragem voluntária, em que o acordo surge após os problemas a serem resolvidos. O acordo ou convenção entre as partes para a instauração desse tipo de arbitragem é chamado de "cláusula compromissória", visto ser uma cláusula inserida num contrato.

Sob o ponto de vista do poder judicante, ou seja, do árbitro, pode ser a arbitragem por um juízo específico, também chamado *ad hoc*, ou por tribunal permanente. A permanente *ad hoc* realiza-se por árbitros designados para julgar especificamente uma questão; são árbitros efêmeros e serão liberados após o julgamento, vale dizer, o tribunal se extingue no momento em que julgar a questão.

A arbitragem realizada por tribunal permanente utiliza-se de organismos estáveis, que não dependem de uma só questão. O principal deles é a Corte Permanente de Arbitragem, criada em 1899, e sediada em Haia (Holanda). Importante também é a Comissão Interamericana de Arbitragem Comercial (CIAC), criada em 1933. Esses organismos resolvem pendências entre países, sendo, pois, entidades de Direito Internacional Público.

No que tange à arbitragem aplicada no âmbito do Direito Internacional Privado, vários órgãos internacionais se realçam, entre os quais a Corte de Arbitragem Comercial, pertencente à Câmara de Comércio Internacional, sediada em Paris. No âmbito brasileiro, como a arbitragem só começou a desenvolver-se em 1996, principalmente com o advento da Lei nº 9.307/96, temos poucos órgãos. Mesmo assim, antes mesmo da Lei da Arbitragem, as câmaras de comércio já se utilizavam da arbitragem, sendo muito bem estruturada a da Câmara de Comércio Brasil-Canadá. As bolsas de São Paulo (Bolsa de Mercadorias, Bolsa de Cereais, Bolsa de Valores Mobiliários e Bolsa Mercantil & Futuros) tinham sua câmara de arbitragem, mas de utilização restrita aos contratos das respectivas bolsas.

Quanto a entidades destinadas ao serviço público, são de se ressaltar a Câmara de Mediação e Arbitragem de São Paulo, formada pela FIESP - Federação das Indústrias do Estado de São Paulo, a Câmara de Arbitragem do Paraná, criada pela Associação Comercial do Paraná e a Corte Paulista de Arbitragem Empresarial, criada pelo Instituto Brasileiro de Direito Comercial "Visconde de Cairu", em São Paulo. Em 1997 foi criada em São Paulo, a Associação Brasileira de Arbitragem - ABAR, que se implantou definitivamente em 1998, tanto na área internacional como nacional.

16.3 A Convenção do Panamá

Resta-nos falar sobre a arbitragem tal como está no Direito brasileiro. Embora estejamos tratando de questão internacional, não será fora de propósito falar sobre a aplicação de um instituto internacional no Brasil e como se introduziu no nosso Direito. A arbitragem nunca foi estranha ao nosso Direito e constava no Código Comercial, que é de 1850, no Código Civil, de 1916 e nas diversas versões do Código de Processo Civil. Todavia, as disposições do Código Civil e do Código de Processo Civil foram revogadas recentemente pela lei que regulamentou a arbitragem entre nós, a Lei nº 9.307/96. Esta lei introduziu também algumas modificações no Código de Processo Civil.

A arbitragem passou a ter regulamentação própria, graças a uma lei específica de 24.9.1996, a Lei nº 9.307. Esta lei eliminou certos entraves do Código Civil e do Código de Processo Civil, responsáveis pela dificuldade de adoção da arbitragem entre nós. O novo Direito brasileiro sobre a arbitragem iniciou-se, porém, com o Decreto Legislativo nº 90, de 6.6.1995, aprovando o texto da Convenção Interamericana sobre Arbitragem Comercial Internacional, concluída em 30.1.1975, na cidade da Panamá.

A Convenção do Panamá passou a fazer parte de nosso Direito com o Decreto Legislativo nº 90/95. Embora estabelecesse ela normas sobre arbitragem comercial internacional, poderia ser montado o juízo arbitral em nossa Pátria. Segundo o art. 1º da Convenção Interamericana sobre Arbitragem Comercial Internacional, é válido o acordo das partes, em virtude do qual se obrigam a submeter à decisão arbitral as divergências que possam surgir ou que hajam surgido entre elas com relação a um negócio de natureza mercantil. O respectivo acordo constará do documento assinado pelas partes, ou troca de cartas, telegramas ou comunicações por telex.

Há liberdade das partes para a escolha dos árbitros. A nomeação dos árbitros será feita da forma que convier às partes. Sua designação poderá ser delegada a um terceiro, seja esta pessoa física ou jurídica. Os árbitros poderão ser nacionais ou estrangeiros. Não ficou preceituado que haja um ou mais árbitros no juízo, razão pela qual se subentende ter ficado ao critério das partes fixar o número de árbitros.

O direito a ser aplicado também será resolvido pelas partes. Na falta de acordo expresso entre elas, a arbitragem será efetuada de acordo com as normas de procedimento da Comissão Interamericana de Arbitragem Comercial.

O ponto de maior importância no que tange à arbitragem não foi descurado pela Convenção: a força executiva das decisões arbitrais. As sentenças ou laudos arbitrais são impugnáveis segundo a lei ou as normas processuais aplicáveis terão força de sentença judicial definitiva. Sua execução ou reconhecimento poderá ser exigido da mesma maneira que a das sentenças proferidas por tribunais ordinários nacionais ou estrangeiros, segundo as leis processuais do país em que forem executadas e o que for estabelecido a tal respeito por tratados internacionais.

Poderá, entretanto, haver impugnação pela parte contra a qual será executada a sentença arbitral, mas essa impugnação terá fundamentos restringidos pela Convenção. Somente poderão ser denegados o reconhecimento e a execução da sentença por solicitação da parte contra a qual for invocada, se esta provar perante a autoridade competente do Estado em que forem pedidos o reconhecimento e a execução, as seguintes falhas:

a) que as partes no acordo estavam sujeitas a alguma incapacidade em virtude da lei que lhes é aplicável, ou que tal acordo não é válido perante a lei a que as partes o tenham submetido, ou se nada tiver sido indicado a esse respeito, em virtude da lei do país em que tenha sido proferida a sentença;
b) que a parte contra a qual se invocar a sentença arbitral não foi devidamente notificada da designação do árbitro ou do processo de arbitragem ou que não pode, por qualquer outra razão, fazer valer seus meios de defesa;
c) que a sentença se refere a uma divergência não prevista no acordo das partes de submissão ao processo arbitral; não obstante, se as disposições da sentença que se referem às questões submetidas à arbitragem puderem ser isoladas das que não foram submetidas à arbitragem, poder-se-á dar reconhecimento e execução às primeiras;
d) que a constituição do tribunal ou o processo arbitral não se ajustaram ao acordo celebrado entre as partes ou, na falta de tal acordo, que a constituição do tribunal arbitral ou o processo arbitral não se ajustaram à lei do Estado em que se efetuou a arbitragem;
e) que a sentença não é ainda obrigatória para as partes ou foi anulada ou suspensa por uma autoridade competente do Estado em que, ou de conformidade com cuja lei, foi proferida a sentença.

Poder-se-á também denegar o reconhecimento e a execução de uma sentença arbitral, se a autoridade competente do Estado em que se pedir o reconhecimento e a execução comprovar:

a) que, segundo a lei desse Estado, o objeto da divergência não é suscetível de solução por meio de arbitragem;

b) que o reconhecimento ou a execução da sentença seriam contrários à ordem pública do mesmo Estado.

Pelo que se nota, a Convenção incorporou os princípios mais evidentes da arbitragem internacional. Por outro lado, essa Convenção delimita a aplicação da arbitragem a questões entre empresas, ou como ela chama, de "natureza mercantil". Em segundo lugar, é prevista apenas para contatos internacionais, ou questões internacionais afora os contratos. Como não previu a Convenção a maneira de se considerar um contrato como internacional, essa classificação poderá seguir os critérios do estatuto da Comissão Interamericana de Arbitragem Comercial - CIAC e demais manifestações do Direito Internacional. Como exemplo, podemos considerar internacional um contrato a que seja aplicado o Direito de dois ou mais países, vale dizer, um contrato vinculado a vários sistemas jurídicos. Outro critério seria o de considerar internacional o que contar com partes domiciliadas em vários países ou houver moedas diferentes.

Assim, como fundamentos da Convenção encontraremos os seguintes:
1. aplica-se apenas a questões empresariais internacionais;
2. os árbitros são escolhidos pelas partes;
3. o Direito aplicável também é escolhido pelas partes;
4. as sentenças são irrecorríveis no tocante ao mérito;
5. as controvérsias submetidas à arbitragem podem já ter sido instauradas, ou que venham a acontecer.

16.4 A Lei n° 9.307/96 - Lei da Arbitragem

As normas internacionais sobre a arbitragem, consagradas na Convenção do Panamá, ingressaram no Brasil por meio de uma lei efetiva, clara e pormenorizada. Foi a Lei n° 9.307, de 23.9.1996, dispondo sobre a arbitragem no plano interno. Deve ela ser analisada neste compêndio de Direito Internacional, mesmo porque a própria lei permite a invocação do Direito Internacional pelo juízo arbitral brasileiro.

As partes envolvidas no litígio a ser submetido à arbitragem deverão ser capazes de contratar e poderão valer-se da arbitragem para dirimir litígios relativos a direitos patrimoniais disponíveis. Dá a entender que esse sistema jurisdicional aplica-se mormente a assuntos contratuais, malgrado não o limite de forma tão radical.

Os direitos discutidos ficam bem restritos: deverão ser patrimoniais e disponíveis, ou seja, direitos dos quais possam as partes discutir, compensar ou renunciar. São mais as questões empresariais, pois as empresas não têm questões sentimentais, mas interesses a tratar. Se uma empresa julgar conveniente perdoar uma dívida, tem ela plena liberdade de renunciar ao seu crédito. A arbitragem encontraria, por exemplo, muitos óbices no campo do Direito de Família, no qual se discutem direitos de menores (incapazes de contratar), direito a alimentos, maternidade, pátrio poder e outros direitos à pessoa humana.

Há no Brasil alguns estorvos em relação também ao Direito do Trabalho, por julgarem alguns juristas certos direitos trabalhistas como indisponíveis, tais sejam o direito a férias ou ao aviso prévio, ou ao fundo de garantia. Além disso, acontecem controvérsias trabalhistas com forte conteúdo afetivo, colocando o aspecto patrimonial em segundo plano. Todavia, a arbitragem predomina, com amplo sucesso, na área trabalhista em certos países como EUA e Japão. No processo trabalhista brasileiro há discussão, compensação e renúncia, fazendo-se, em juízo, acordo global sobre as verbas trabalhistas. A OIT admite a solução arbitral para as lides trabalhistas internacionais e nacionais, como a recente Convenção n° 158.

O sistema brasileiro, instituído pela Lei n° 9.307/96, faculta às partes envolvidas no litígio a escolha do Direito a ser invocado no julgamento arbitral. Poderão as partes escolher, livremente, as regras de direito que serão aplicadas na arbitragem, desde que não haja violação aos bons costumes e à ordem pública. A arbitragem poderá ser de direito ou equidade (segundo o princípio *ex aequo et bono*), conforme consta também no art. 38 do estatuto da CIJ - Corte Internacional de Justiça. Poderão também as partes convencionar que a arbitragem se realize com base nos princípios gerais do Direito, nos usos e costumes e nas regras internacionais de comércio. É de se ressaltar que nossa lei prevê a aplicação das normas internacionais no julgamento arbitral no país.

As controvérsias a serem submetidas à arbitragem poderão já estar reveladas ou então poderão ser potenciais, ou seja, não existem ainda, mas poderão existir no futuro. Há, pois, dois tipos de arbitragem de acordo com dois tipos de controvérsias: existentes ou não existentes. De acordo com a modalidade de litígio, haverá, então, dois tipos de acordo para a instituição da arbitragem: a cláusula compromissória e o compromisso. As partes interessadas podem submeter a solução de seus litígios ao juízo arbitral mediante convenção de arbitragem, assim entendida a cláusula compromissória e o compromisso arbitral (art. 3º).

A cláusula compromissória é a convenção por meio da qual as partes, em um contrato, comprometem-se a submeter à arbitragem os litígios que possam vir a surgir, relativamente a tal contrato. A cláusula compromissória deve ser estipulada por escrito, podendo estar inserta no próprio contrato ou em documento à parte. Na cláusula compromissória, as partes poderão apontar algum órgão arbitral ou entidade especializada para resolver litígios que possam surgir entre elas. É, portanto, a cláusula compromissória o acordo pelo qual as partes optam pela arbitragem permanente ou obrigatória, ou seja, elas se obrigam antecipadamente ao litígio.

O compromisso é outra espécie de acordo entre as partes para a preconização da arbitragem. Diferente da cláusula compromissória, o compromisso visa a solucionar um litígio já existente no momento da celebração do acordo, vale dizer, antecede ao contrato. Pode ele ser judicial ou extrajudicial.

O compromisso judicial é o que ocorre quando as partes já estejam discutindo suas divergências na Justiça. Decidem então retirar a lide da esfera judicial e passá-la à arbitragem. Pode ser feito por termo nos autos do processo. As duas partes fazem o acordo em audiência judicial, lavrando termo pelo qual decidem extinguir o processo, transferindo a questão para o juízo arbitral. Os autos são retirados do fórum e remetidos ao órgão arbitral. Nosso Código de Processo Civil foi modificado com a inclusão de um inciso indicando o compromisso como um dos modos de extinção de um processo.

Poderá, ainda, o compromisso arbitral ser extrajudicial, constando de instrumento particular com duas testemunhas, ou por instrumento público. Não há necessidade de homologação judicial. Se a lide já estiver instaurada na Justiça, deverá esse processo ser encerrado a pedido das partes para evitar a duplicidade de jurisdição. Deverá o compromisso arbitral ser bem claro e explícito, para evitar impugnações futuras. A lei preceitua vários requisitos para esse documento: deve constar a matéria que será objeto da arbitragem e o direito aplicável; o nome e qualificação completa das partes e dos árbitros, e, se for o caso, a identificação da entidade à qual as partes delegarem o julgamento ou a indicação dos árbitros. Deverá ainda ser fixado o local em que se realizará o julgamento arbitral. A lei não exige, mas se torna necessário estatuir um prazo para ser dada a sentença. Não tendo sido convencionado prazo no compromisso arbitral, ocorrerá a decadência no prazo de seis meses, embora seja possível a prorrogação de comum acordo entre as partes e os árbitros.

16.5 A sentença arbitral

A sentença arbitral é a decisão tomada pelo juízo arbitral. Se houver árbitro único, deve ser assinada por ele; se houver um tribunal, todos os membros deverão assinar. Se um deles não puder ou não quiser assinar, o presidente deverá certificar a ausência da assinatura na própria sentença. Deverá trazer a sentença a data e o local em que foi proferida, pois a cláusula compromissória e o compromisso arbitral normalmente indicam prazo para ela e, se for proferida após o prazo, estará sujeita à anulação.

A sentença submete-se a certos requisitos obrigatórios, seguindo mais ou menos as normas e princípios do Direito Processual. Por esta razão, somos de parecer de que o presidente do tribunal seja um advogado, embora a lei não o exija. Assim, deverá o prolator da sentença arbitral ter noção de prazo e de sua importância, pois a sentença será proferida no prazo estipulado pelas partes. Se nada tiver sido estipulado a esse respeito, o prazo para a apresentação da sentença é de seis meses, embora possa ser prorrogado. Tem-se em vista que uma das características da arbitragem é a sua celeridade, que contrasta com a morosidade da Justiça comum.

Trata-se de um documento formal, em termos semelhantes aos de uma sentença judicial. Deverá ter o relatório, em que o árbitro ou a câmara arbitral fará um resumo da questão submetida a julgamento, o nome das partes envolvidas e suas alegações. Após o relatório, vem a decisão, da qual serão revelados os fundamentos, analisando-se as questões de fato e de direito, mencionando-se expressamente se os árbitros julgaram por equidade e os dispositivos em que os árbitros resolverão as questões submetidas a eles.

Fato importante em nosso sistema jurídico é o de possuir a sentença plena eficácia, como se fosse uma sentença judicial. É de cristalina clareza a efetividade da arbitragem, exposta no art. 31 da Lei nº 9.307, de 23.9.96:

> "A sentença arbitral produz, entre as partes e seus sucessores, os mesmos efeitos da sentença proferida pelos órgãos do Poder Judiciário e, em sendo condenatória, constitui título executivo".

Assim sendo, se, por exemplo, uma sentença condenar alguém a pagar determinado valor monetário, terá ela o caráter de uma nota promissória: poderá ser executada por meio da Justiça. Contudo, a sentença arbitral é um documento privado e estará sujeita a possível anulação judicial. Se for executada, poderá o executado opor embargos, ou, antes mesmo da execução, poderá ela ser contestada na Justiça. O Judiciário, por outro lado, não se ocupará do mérito da questão julgada arbitralmente, mas poderá examinar os aspectos extrínsecos da questão, a obediência às normas processuais, as imperfeições técnicas da sentença.

A sentença deverá obedecer a diversos requisitos, contendo o relatório com os demais requisitos já referidos. A transgressão a essas exigências poderá servir de argumento para potencial processo de anulação. Fatos mais graves deverão determinar a nulidade da sentença: se for nulo o compromisso arbitral; se foi emanada de quem não podia ser árbitro, se foi proferida fora dos limites da convenção de arbitragem; se não decidiu todo o litígio submetido à arbitragem; se ficou comprovado que foi proferida por prevaricação, concussão ou corrupção passiva; e se foi proferida fora do prazo dado pelo acordo das partes.

Constitui ainda infração grave o julgamento à revelia ou desrespeito aos princípios mais elementares do Direito Processual, como o do contraditório, da igualdade das partes, da imparcialidade do juiz e de seu livre convencimento.

Se, no decurso do procedimento, as partes celebrarem um acordo quanto ao litígio, fica ele encerrado, lavrando-se a sentença com a declaração desse acordo. A sentença dá fim à arbitragem, devendo o juiz enviar cópia às partes. Malgrado seja irrecorrível, qualquer das partes poderá pedir que seja esclarecido algum ponto obscuro ou duvidoso, ou que julgue ter sido omitido, bem como que seja corrigida alguma falha técnica, como as datilográficas.

16.6 Os árbitros

Os árbitros são os juízes escolhidos pelas partes e presume-se, pois, que sejam da confiança delas. São os juízes que comporão o juízo arbitral, mas não será obrigatória sua formação em Direito. Aliás, há certas questões que não exigem solução por advogados, como questões tecnológicas, médicas e outras mais especificadas. Importante afirmação é a do art. 18: o árbitro é juiz de fato e de direito, e a sentença que proferir não fica sujeita a recurso ou à homologação pelo Poder Judiciário. As decisões arbitrais são, pois, irrecorríveis, malgrado possam ser anuladas.

Em princípio, qualquer pessoa pode ser árbitro, sofrendo restrições normais. Há, entretanto, impedimentos, os mesmos que nosso Código de Processo Civil apresenta para os juízes, como: ser parte no processo, interveio como mandatário da parte, oficiou como perito, funcionou como órgão do Ministério Público, ou prestou depoimento como testemunha, quando no processo estiver postulando, como advogado da parte, o seu cônjuge ou qualquer parente seu, consanguíneo ou afim, em linha reta; ou na linha colateral até o segundo grau; se for parente, consanguíneo ou afim, de alguma das partes, em linha reta ou, na colateral, até o terceiro grau, ou cônjuge de alguma delas; ou ainda se for órgão de direção ou de administração de pessoa jurídica, parte na causa.

Reputa-se ainda fundada a suspeição do árbitro, quando ocorrerem ligações previstas para os juízes no art. 135 do Código de Processo Civil, a saber: se for amigo íntimo ou inimigo capital de qualquer das partes; se alguma das partes for credora ou devedora do árbitro, de seu cônjuge ou de parentes destes, em linha reta ou na colateral até o terceiro grau; se for o árbitro herdeiro presuntivo, donatário ou empregador de alguma das partes; se receber dádivas antes ou depois de iniciado o juízo arbitral, aconselhar alguma das partes acerca do objeto da causa, ou subministrar meios para atender às despesas do litígio; ou ainda se for interessado no julgamento da causa, em favor de uma das partes. Poderá ainda o árbitro declarar-se suspeito por motivo íntimo.

A esse respeito, impõe-se a consulta ao nosso Código de Processo Civil, no capítulo denominado "DO JUIZ", principalmente na seção "Dos Impedimentos e Suspeição", compreendendo os arts. 134 a 138. É a própria Lei da Arbitragem que no art. 14 remete ao Código Processual as disposições sobre os impedimentos.

Os árbitros, quando no exercício de suas funções ou em razão delas, ficam equiparados aos funcionários públicos, para os efeitos da legislação penal; é o que estatui o art. 17. Acreditamos que venham a surgir algumas normas regulamentadoras da Lei nº 9.307/96, mormente no que tange aos árbitros. Julgamos conveniente a adoção de um estatuto para os árbitros e de uma associação deles, estabelecendo algumas exigências, como a participação em curso específico sobre a arbitragem.

16.7 Execução de sentenças arbitrais estrangeiras

Nesse aspecto, não houve modificações no regime antigo. Os anteriores dispositivos legais não foram revogados, uma vez que eram compatíveis com as convenções internacionais. Apesar de já regulada a forma de execução das sentenças arbitrais estrangeiras, a nova lei procurou ser completa, transcrevendo e adaptando as antigas normas. Vigora a exterritorialidade da lei, considerando-se a sentença arbitral estrangeira como Direito estrangeiro a ser aplicado no Brasil. Para melhor compreensão deste problema, e para maior aprofundamento nele, será recomendável consulta à nossa obra de "Direito Internacional Privado", no capítulo referente à aplicação do Direito estrangeiro no Brasil.

Considera-se sentença arbitral estrangeira a que tenha sido proferida fora do território nacional. Deverá, entretanto, ser posta em prática no Brasil e por isso precisa passar por certos trâmites; o principal deles é a homologação pelo Supremo Tribunal Federal. Assim sendo, o STF transformará a sentença arbitral estrangeira em sua sentença e esta é que será executada. A sentença arbitral estrangeira será reconhecida ou executada no Brasil de conformidade com os tratados internacionais com eficácia no ordenamento interno e, na sua ausência, estritamente de acordo com a Lei da Arbitragem, a Lei nº 9.307/96. Há, entretanto, convenções com eficácia no Brasil, o Protocolo de Genebra, de 1923, relativo à cláusula arbitral, promulgada pelo Decreto nº 21.157/32 e a Convenção de Genebra, de 1923, sobre a execução de sentenças arbitrais estrangeiras, que não contrastam com a lei brasileira. No que tange às questões privadas, vigora a Convenção do Panamá.

Para ser reconhecida ou executada no Brasil, a sentença arbitral estrangeira está sujeita, unicamente, à homologação do Supremo Tribunal Federal, que será requerida pela parte interessada, nos termos dos arts. 34 a 40 da Lei da Arbitragem, arts. 483 e 484 do Código de Processo Civil e no Regimento Interno do STF, bem como das convenções internacionais sobre a arbitragem, principalmente a Convenção do Panamá.

A petição inicial à Magna Corte invocará os fundamentos jurídicos do pedido e deverá ser instruída com vários documentos, todos juntos com tradução por tradutor público juramentado. Obrigatoriamente serão juntados o acordo entre as partes, optando pela arbitragem e a sentença arbitral, no original ou cópia autenticada pelo Consulado brasileiro.

O STF não examinará o mérito da questão, mas apenas os aspectos extrínsecos. A homologação será denegada se esses aspectos representarem vícios no procedimento. Poderá o réu demonstrar que o acordo era viciado por não serem as partes capazes ou então porque violava a lei do país em que o acordo foi celebrado. Poderá alegar a inobservância de princípios básicos do Direito, como o do contraditório, ou tiver sido proferida a sentença fora de prazo ou dos termos do acordo, ou não esteja com trânsito em julgado, enfim ainda sem eficácia.

Poderá ser denegada também se não se enquadrar no art. 15 da Lei de Introdução ao Código Civil, como, por exemplo, se o objeto do litígio não for suscetível de ser resolvido por arbitragem no Brasil, tais como os direitos indisponíveis, um divórcio, questões envolvendo menores. Ou então se a sentença ofender a ordem pública nacional, os bons costumes ou a segurança nacional, ou decidir sobre instituição desconhecida ou não aceita pela lei brasileira. Não será considerada ofensa à ordem pública nacional a efetivação da citação da parte domiciliada no Brasil, nos moldes do acordo da arbitragem ou da lei processual do país em que tenha se realizado a arbitragem, inclusive a citação postal com prova inequívoca de recebimento, desde que assegure à parte brasileira tempo hábil para o exercício do direito de defesa. É possível, porém, sanar os vícios e o pedido de homologação ser renovado.

Entretanto, em 12.6.1998, foi celebrado o "Protocolo de Montevidéu" entre os quatro países do MERCOSUL, a ele aderindo Bolívia e Chile. Por esta convenção, a sentença arbitral de direito privado não precisará de homologação, pois resulta de um acordo entre pessoas privadas, normalmente entre empresas. Equivale a um acordo entre empresas privadas por instrumento particular. Não é até de autoridade pública, e, por isso, não precisa ser a sentença arbitral homologada.

16.8 Regulamentação internacional

A arbitragem de Direito Internacional Público, isto é, a solução de conflitos entre Estados, é regulamentada pelo Ato Geral de Arbitragem, celebrado em Genebra por grande número de países, numa assembleia da extinta Sociedade das Nações (a precursora da ONU), em 1928.

Há também várias convenções internacionais, mas para regulamentar a arbitragem entre pessoas de Direito Internacional Privado, como o Protocolo de Genebra, de 1923, relativo à cláusula arbitral. O Protocolo de Genebra se transformou em lei brasileira, pelo Decreto nº 21.167/32. Importante ainda foi a Convenção de Genebra, de 1923, sobre a execução de sentenças estrangeiras; reflexos dessa convenção encontram-se em nosso Código de Processo Civil e no Regimento Interno do Supremo Tribunal Federal. O Diploma mais importante no momento, entretanto, é a Convenção do Panamá.

Outro diploma precioso para o Direito moderno é a Convenção de New York, para a homologação de laudos arbitrais estrangeiros, celebrada em 1958. Infelizmente, o Brasil não é signatário dessa convenção. Todavia, com a Convenção do Panamá e a recente lei brasileira da arbitragem, o Brasil está bem suprido.

16.9 O Barão do Rio Branco

Ainda a respeito da arbitragem, cabe uma especial referência a esta figura marcante de nossa história, cuja fama não é explicada nas suas causas. Foi, porém, na arbitragem que se realçou a capacidade desse jurista e diplomata.

O Barão do Rio Branco (1845-1912) foi advogado do Brasil nas soluções arbitrais das questões dos limites nossos com a Argentina, conseguindo vencer a questão em 1895. Obteve vantajosa solução para nós na contenda com a França a respeito das fronteiras do Brasil com a Guiana Francesa. Resolveu ainda satisfatoriamente os limites do Brasil com o Uruguai e o Peru. Defendeu os interesses do Brasil perante o tribunal arbitral que decidiu sobre o futuro do Território do Acre, conseguindo a aquisição dele para o Brasil. A única questão em que o Brasil não foi feliz nas soluções arbitrais, sobre os limites com a Guiana Inglesa, não contou com a participação do Barão do Rio Branco. Louve-se, contudo, a esplêndida participação do advogado do Brasil nesta questão, Joaquim Nabuco, outra notável figura de jurista e homem público.

IMPRESSO NA
sumago gráfica editorial ltda
rua itauna, 789 vila maria
02111-031 são paulo sp
telefax 11 **2955 5636**
sumago@terra.com.br